曹植卷

二曹诗文译注与鉴赏

曹文益 编著

时代出版传媒股份有限公司
安徽人民出版社

图书在版编目（CIP）数据

三曹诗文译注与鉴赏. 曹植卷 / 曹文益编著. -- 合肥：安徽人民出版社，
2025. 1. -- ISBN 978-7-212-11761-0

Ⅰ. I206.361

中国国家版本馆 CIP 数据核字第 2024RQ5249 号

三曹诗文译注与鉴赏　曹植卷

SANCAO SHIWEN YIZHU YU JIANSHANG CAOZHI JUAN

曹文益　编著

责任编辑：肖　琴　李　莉　　　　　　　　责任印制：董　亮
装帧设计：陈　爽

出版发行：安徽人民出版社 http://www.ahpeople.com
地　　　址：合肥市政务文化新区翡翠路 1118 号出版传媒广场八楼
邮　　　编：230071
电　　　话：0551 - 63533259
印　　　制：安徽联众印刷有限公司

开本：710mm×1010mm　　　1/16　　　印张：15　　　字数：156 千
版次：2025 年 1 月第 1 版　　　2025 年 1 月第 1 次印刷

ISBN 978 - 7 - 212 - 11761 - 0　　　　　　定价：48.00 元

序　言

　　东汉末年，天下大乱。汉灵帝死，何太后临朝，何太后弟大将军何进把持朝政。为了争夺朝廷的控制权，外戚和宦官两大集团互相倾轧，殊死搏斗。外戚和宦官集团两败俱伤后，军阀董卓乘机把持了朝政。董卓专权，强迫洛阳地区百万以上人民迁往长安，洛阳二百里以内官房民居全部被烧光，沿路无数人死亡。以董卓为首的豪强占据洛阳以西的地区，以袁绍为首的豪强占据洛阳以东的地区，其他大大小小的豪强也割据一方，各种势力相互间展开了旷日持久的厮杀。与此同时，无法生存的百姓被迫揭竿而起，大大小小的起义数十起。黄巾军声势最大，其中一支有数十万人。军阀豪强又对起义军展开残酷镇压。赤壁之战前的差不多二十年，中国境内，特别是黄河流域战乱频繁，民不聊生。两汉四百年积累起来的财富丧失殆尽，生产又受到极大的破坏，人民陷入深重的灾难。华夏大地，"出门无所见，白骨蔽平原"（东汉·王粲《七哀》）。

　　"国家不幸诗家幸。"（清·赵翼《题遗山诗》）乱世出英雄，乱世也出诗人。东汉末年，文士被时代的风云裹挟，不得不脱离原有的人生轨迹，寻找新的人生道路。一些文士以手中的笔写诗作赋，描写动荡的时代，抒发悲愤的情绪，表达宏伟的理想。而社会的巨大变动亦引起了社会意识形态的变化。汉武帝以后罢黜百家、独尊儒术的局面开始动摇，名、法、兵、纵横家各派思想有不同程度的发展，文化思想界呈现自由开放的趋势，这些新气象为有时代特色、有生命力的文学作品出现提供了条件。

　　东汉末年建安时期是中国文学发展的重要时期，由于社会变动和社会思想的变化，建安文学呈现百花齐放的崭新面貌。这一时期的文学以魏国为主，吴、蜀有影响的作家和作品很少。曹操是汉末杰出的政治家、军事家和文学家，凭借他的地位，"外定武功，内兴文学"（晋·陈寿《三国志·荀彧》注引《彧别传》）。曹操广泛地招揽文士，"建安七子"，除年岁较高、政治观点和曹操不合的孔融之外，王粲、陈琳等六人都集合在曹操的麾下。他们在政治上是曹氏父子的幕僚，在文学上是曹氏父子的文友。他们都有一定的抱负，希望依靠曹氏父子干一番事业。他们的作品反映了动乱的社会现实，表达了建功立业的理想，具有鲜明的时代特色，在建安文学中占有一定的位置。与"七子"齐名的女诗人蔡琰，即蔡文姬，在南匈奴滞留十二年，为胡人妻，被曹操赎回，回国后嫁董祀。蔡琰有《悲愤诗》等作品问世。

　　文学的发展，除了受社会因素的影响，自身也不断进步和丰富。汉末文学基本上与儒学分开，成为一部分文士的一种专业。建安时期文士的地位有了一定提高，文学的意义受到更高的评价。当时评论作家、作品的风气盛行，文学出现了自觉的精神。文学批评又促进了文学的发展。当时的文学体裁主要是五言诗、赋和散文。建安文士的五言诗是在民谣和东汉乐府的影响下产生和发展的。东汉文人的五言诗，譬如《古诗十九首》对建安文士的影响也不小。建安五言诗文质并茂，呈现了"五言腾踊"（南朝·刘勰《文心雕龙·明诗》）的新局面。建安时期的赋也有很大进步。建安文士厌弃铺张堆砌的大赋体，别创了抒情小赋。这种新赋体语言清新，篇幅短小，用典较少，极富抒情意味，在汉赋外另辟新的境界。建安散文摆脱了以歌颂帝王功德为目的的俗套，写实在的事，抒真挚的情。即便是令、表和书信，也运用抒情、叙事或议论，自由通脱，生动活泼。

建安时期的作品深刻地反映了社会的动乱、民众的苦难和军旅生活的艰辛，歌唱了统一天下的理想和抱负，抒发了建功立业、扬名后世的积极进取的精神，流露了人生短暂、壮志难酬的悲愤情绪，具有鲜明的时代特征。《文心雕龙·时序》称建安作品："雅好慷慨，良由世积乱离，风衰俗怨，并志深而笔长，故梗概而多气也。"建安文学这种慷慨悲凉、雄健深沉的风格，被后世称为"建安风骨"。建安时期是文学的新时代，建安文学是中国文学史上第一次由文人掀起的诗歌的高潮，对后世文学的发展影响深远。李白、杜甫都欣赏并取法建安风骨，建安风骨成为影响盛唐文学发展的主要力量。

　　建安文学作家，数以百计，最杰出的有"三曹""七子"和蔡琰，其中领军人物是"三曹"，即曹操和其子曹丕、曹植。"三曹"不仅是建安文学的倡导者和组织者，而且自身也是优秀的作家。他们作品的风格体现了建安风骨的全部内涵。现存的建安时期的诗赋三百多篇，其中"三曹"作品约占一半。阅读和研究建安作品，"三曹"作品应是重要部分。

　　曹植（192—232），字子建，曹操的第四子，曹丕的胞弟。建安十六年（211）封平原侯，十九年（214）徙封临淄侯，黄初二年（221）贬爵安乡侯，又改封鄄城侯，三年（222）立为鄄城王，四年（223）徙封雍丘王，太和三年（229）徙封东阿王，六年（232）以陈四县封为陈王。谥号思，史称"陈思王"。

　　曹植的一生，以曹丕即帝位的公元220年为界，明显地分为前后两个时期。前一个时期，曹植过着贵公子生活。"年十岁余，诵读《诗》《论》及辞赋数十万言，善属文"（晋·陈寿《三国志·陈思王植》）。他多才多艺，能书能画，爱好音乐舞蹈，喜欢击剑。曹植的青少年时期大部分时间生活在邺城，这段时间是他成才和成长的黄金期。曹植喜欢结交朋友。文学青年们，三五成群，斗鸡走马，游园摆宴，吟诗作赋，生活充满自由奔放、浪漫任性的气息。当时文学青年的领袖人物虽然是其兄长曹丕，但曹植因才气和特殊身份，在建安文士的圈子里也是呼风唤雨的人物。曹植的诗赋写得好，文章也很出色，是公认的"建安之杰"。曹植的文采很得曹操的赏识。建安十七年（212），曹操领众儿登铜雀台，命各作《登台赋》，曹植一挥而就，曹操十分惊奇。曹植又因"性简易，不治威仪。與马服饰，不尚华丽。每进见难问，应声而对，特见宠爱"（晋·陈寿《三国志·陈思王植》）。曹植青少年时代数次随父出征，自称："生乎乱，长乎军。"（《陈审举表》）由于见多识广，加之父亲的言传身教，曹植很早就颇有功名事业心，追求"勠力上国，流惠下民，建永世之业，留金石之功"（《与杨德祖书》）。曹操多次想立曹植为太子，最终因"植任性而行，不自雕励，饮酒不节"（晋·陈寿《三国志·陈思王植》）而作罢。

曹丕即帝位后，曹植人生进入第二个阶段。由于曹操在世时曹植差一点被立为太子，曹丕即位后对曹植一直怀有戒备之心。他首先翦除曹植的羽翼，杀了积极拥护曹植的丁仪、丁廙兄弟，紧接着迫使曹彰、曹植、曹彪离开京都，各归藩地。监国谒者奏曹植"醉酒悖慢，劫胁使者"（晋·陈寿《三国志·陈思王植》），有司请治曹植罪，曹丕因太后缘故，将曹植贬为安乡侯。明帝时，朝廷对曹植仍有猜忌，尽管曹植上书自荐，仍然得不到重用。曹植在曹丕、曹叡父子为帝的十一年中，六次变更爵位，三次迁徙封地，始终受怀疑，遭谗言，被排挤，深感"身轻于鸿毛，而谤重于泰山"（《黄初六年令》）。

太和六年（232），曹植在郁郁寡欢中去世，年仅四十一岁。曹植的死因无法考证，但政治上不得志、精神苦闷肯定是重要因素。曹植的人生悲剧，既有客观原因，也有他自身的因素。曹操对曹丕、曹植兄弟，经过多年考察，最后立曹丕为太子而未立曹植，自有他的道理。曹丕、曹叡父子对曹植的态度，是从自身稳定帝业考虑的。纵观历代帝王处理兄弟、叔侄关系的做法，可以说曹植已属幸运。然而曹植深受儒家入世思想的影响，不甘心自己的事业局限在诗赋、文章里，而一定要在仕途上大有作为，这就决定了曹植在政治上必然是一个悲剧人物。正因为曹植在仕途上没有作为，精神上愤愤不平，而又天生才华横溢、情感丰富，于是成就了一位旷世文学巨子。

曹植在文学上的成就主要体现在诗歌方面。他的诗歌内容之一是表现"建永世之业，留金石之功"（《与杨德祖书》）。他早期的《白马篇》是言志的名篇，诗人以游侠自比，表达了自己要在战场上建立功业的强烈愿望。诗中在写了游侠的来历、高超的武艺、英勇杀敌的辉煌战果之后，揭示了英雄的内心世界："弃身锋刃端，性命安可怀？父母且不顾，何言子与妻！名在壮士籍，不得中顾私。捐躯赴国难，视死忽如归。"全诗洋溢着豪壮乐观的精神，充满视死如归的英雄气概。《鰕䱇篇》则是以小水坑里的鰕䱇、篱笆间的燕雀作对比说起，进而写到壮士驾车登五岳而小陵丘，最后写壮士的壮志："抚剑而雷音，猛气纵横浮。泛泊徒嗷嗷，谁知壮士忧？"全诗展现了诗人因国家尚未统一而心忧，为自己不能亲赴疆场而愤慨不已。

曹植后期的诗更多表现出对自己所处境况的不满，对壮志得不到实现的愤激不平的情绪。《杂诗》就是这类诗的代表作。《杂诗（转蓬离本根）》前六句写道："转蓬离本根，飘飘随长风。何意回飙举，吹我入云中。高高上无极，天路安可穷？"诗中描写了转蓬脱离本根，随风飘飞，不能自主的情形。诗人以转蓬比喻自己，描写了自己漂泊不定的命运。诗中对转蓬命运的悲叹，实际上是对自己前途的悲叹。《杂诗（仆夫早严驾）》

中诗人在表达了决心征战孙权献身报国的理想之后写道："江介
多悲风，淮泗驰急流。愿欲一轻济，惜哉无方舟。"大江南北、
淮泗之间乌云翻滚，大战即将来临，诗人叹息自己没有参战的
决定权，表达了自己愤懑的情绪。《野田黄雀行》是为丁仪、丁
廙兄弟而写。曹操曾经考虑立曹植为魏太子时，丁仪、丁廙是
曹植羽翼。曹丕即位后，丁仪、丁廙被收监待处罚，曹植写此
诗安慰他们，一定会有见义勇为的"少年"竭力解救受困的
"黄雀"。"利剑不在掌，结友何须多"句表达了自己虽然贵为
王侯却没有一点实权，对好友爱莫能助感到十分怨愤。"不见篱
间雀，见鹞自投罗"句写篱笆上的黄雀是因为猛禽鹞子的追赶
方投入罗网，比喻丁仪兄弟受恶人诬陷而获罪，表达了自己的
悲愤之情。

　　曹植还写了不少言情诗。《七哀》描写了一个妻子对远游未
归夫君的怨言。在明月高照的夜晚，妻子对远行的丈夫万分思
念。"君若清路尘，妾若浊水泥。浮沉各异势，会合何时谐？"
思妇渴望夫妻早日相聚。夫妻生活在一起本是再平常不过的事
情，对思妇而言却是遥不可及的奢望。"愿为西南风，长逝入君
怀。君怀良不开，贱妾当何依？"由思念到梦想见面，由想见面
到担忧夫君变心，心理描写细致入微，感人至深。《美女篇》把
美女放在采桑的动态环境中进行描绘，由远到近，由局部到全
身，由服饰到容颜，由外观到气息，多角度、多层次进行刻画，
美女形象犹如一幅油画熠熠生辉。诗的结尾写美女待字闺中是
要寻求一个贤良的情郎，进而突出美女内心世界的纯真高洁。
《美女篇》是曹植的代表作之一，堪称古代言情诗的绝唱。曹植

在他的言情诗中，常常寄托了不受朝廷重用怀才不遇的个人情感。

曹植还有一部分诗，反映了民间生活的疾苦。《送应氏（步登北邙阪）》前面部分描写了送应氏所见到的洛阳周围的情景。二十年前董卓焚烧了皇宫，此时仍然满目残垣断壁，十分凄凉。动乱后的洛阳，百姓流离失所，良田长满了丰茂的百草。后面部分则想象了应氏回乡见到的中国北方荒凉破败、民不聊生的景象。《泰山梁甫行》："八方各异气，千里殊风雨。剧哉边海民，寄身于草墅。妻子象禽兽，行止依林阻。柴门何萧条，狐兔翔我宇。"生活最艰难的边民，终年寄身于荒野，妻子和孩子像禽兽一样生活在山林险阻之地，柴门荒凉萧条，狐兔在屋里来回跑。百姓的生活与野兽无异。曹植后期大部分时间生活在封地，名义上为王侯，实际生活也很窘迫，充分接近民众，对民间疾苦十分了解。这对他后期的创作有一定的影响。

曹植的诗不仅现存数量在建安诗人中最多，而且成就也最高。《诗品》评价曹植的诗"骨气奇高，词采华茂"，全面准确地概括了曹植诗的艺术风格。

"骨气奇高"指诗的思想内容。曹植热衷功名，追求理想，虽然屡遭挫折，却矢志不渝。这种精神在他的诗作里表现为百折不挠、愤懑不平、昂扬奋进的气势。这种气势表现在各种题材的作品里。《白马篇》写游侠，诗人以游侠自比，表达了"捐躯赴国难，视死忽如归"的壮志；《美女篇》写美女，以美女盛年不嫁比喻志士怀才不遇，表达了自己志向的远大；《鰕鲔篇》写鰕鲔，诗人自比鸿鹄，表现了诗人追求理想和颖脱不群的性格。

"词采华茂"指诗的语言表达。曹植的诗在布局谋篇方面工于起调。《野田黄雀行》篇首："高树多悲风，海水扬其波。""悲"字和"扬"字突出了树高招风，水深波涌，写出了天气和环境的恶劣，起到了很好的起兴作用。《箜篌引》诗中"惊风飘白日，光景驰西流"句，"飘"和"驰"形象地描写了时间流逝的飞快，从而引出了下面人生短暂，"盛时不再来"的感叹。曹植的诗遣词造句方面注重炼字和对偶。《公宴》："秋兰被长坂，朱华冒绿池。潜鱼跃清波，好鸟鸣高枝。"两两对仗，十分工整。"被""冒""跃""鸣"，动词用得极其准确、形象，可见诗人在用字上的功夫十分突出。曹植的诗在修辞方面善用比喻，不仅比喻准确、生动，而且用得多，甚至通篇都是比喻。《种葛篇》中诗人以弃妇自比，将兄长比为弃妇的丈夫，将诗人和兄长之间的关系比喻为弃妇和夫君的关系，通篇都是比喻，把平时不能说也不敢说的苦衷都和盘托出。

曹植十分喜爱辞赋创作，在建安作家中，他的赋也写得最好。今存其比较完整的赋有四十多篇，都是抒情小赋，内容涉及自然、社会和人生各个方面，大部分是写个人的体验和感受。《洛神赋》是曹植赋的代表作。曹植京师朝见后回封地途经洛水时，受宋玉《神女赋》的启发写了这篇赋。赋中描写了洛神美丽的形象，写自己和洛神如何两情相悦，写众神的欢乐和洛神的忧愁，最后写因为人神道殊，洛神只能丢下自己怅然而去。全诗通过梦幻场景，编织神话题材，展现了人神相爱又被迫分开的悲剧，想象奇异丰富，描写细致入微，词采华茂，抒情意味很浓，艺术感染力很强。

曹植非常重视写文章。他自己说志向所在不是辞赋，"辞赋小道，固未足以揄扬大义、彰示来世也"（《与杨德祖书》）。他的最高理想是建功立业，在史册上留下一世英名。如果这一理想无法实现，舍而求其次是"辩时俗之得失，定仁义之衷，成一家之言"（《与杨德祖书》）。可见写文章著书立说在他心目中的位置。曹植现存世有颂、赞、铭、章、表、令、书、论等各种体裁的散文一百三十多篇。散文写得最好的是前期的书信和后期的表文。《与杨德祖书》是曹植写给他的好友杨修的一封信。信的前面论述为什么要有文学批评和怎样进行文学批评，后面论述要结合作品的特点和作者的思想，才能更准确地评价作品。全文引经据典，挥洒自如，语言锋利简洁，议论鞭辟入里，讲清了文学批评的重要性和应该注意的若干问题，堪称文学批评的杰作。《求自试表》全文紧紧扣住文首提出的"量能而受爵者，毕命之臣也"展开论述，从国家防卫急需人才写起，写到自己早年随父出征耳濡目染有一定的军事修养，逐层展开论述，最后恳请魏明帝理解自己，准允自己亲赴疆场施展抱负。文中叙述、议论、抒情并举，又多用骈俪之句，气势恢宏，文采飞扬，淋漓尽致地表现了作者急切的用世之心和怀才不遇的怨愤之情。关于曹植的文章，钟嵘评价说："陈思之于文章也，譬人伦之有周孔，鳞羽之有龙凤，音乐之有琴笙，女工之有黼黻。"（南朝·钟嵘《诗品》）由此可见对其评价之高。

目 录
CONTENTS

诗选

斗　鸡^①

游目极妙伎,清听厌宫商。^②

主人寂无为,众宾进乐方。^③

长筵坐戏客,斗鸡观闲房。^④

群雄正翕赫,双翘自飞扬。^⑤

挥羽邀清风,悍目发朱光。^⑥

觜落轻毛散,严距往往伤。^⑦

长鸣入青云,扇翼独翱翔。^⑧

愿蒙狸膏助,常得擅此场。^⑨

【译注】

①以鸡相斗的游戏。《战国策·齐策一》:"临淄甚富而实,其民无不吹竽鼓瑟,击筑弹琴,斗鸡走犬。"可见战国时期已有斗鸡这种游戏。曹植以"斗鸡"为题作诗,描绘了诗人兄弟

斗　鸡[1]

游目极妙伎,清听厌宫商。[2]

主人寂无为,众宾进乐方。[3]

长筵坐戏客,斗鸡观闲房。[4]

群雄正翕赫,双翘自飞扬。[5]

挥羽邀清风,悍目发朱光。[6]

觜落轻毛散,严距往往伤。[7]

长鸣入青云,扇翼独翱翔。[8]

愿蒙狸膏助,常得擅此场。[9]

【译注】

①以鸡相斗的游戏。《战国策·齐策一》:"临淄甚富而实,其民无不吹竽鼓瑟,击筑弹琴,斗鸡走犬。"可见战国时期已有斗鸡这种游戏。曹植以"斗鸡"为题作诗,描绘了诗人兄弟

及宾客以斗鸡取乐的热闹场面。

②〔游目极妙伎(jì)，清听厌宫商。〕放眼观尽美舞蹈，悦耳音乐已厌倦。游目，放眼纵观。《离骚》："忽反顾以游目兮，将往观乎四荒。"极，穷尽。妙伎，指美妙的舞蹈。伎，古代称以歌舞为生的女子为伎。清听，清越入耳。厌，厌倦。宫商，五音中的宫音与商音，此指音乐。

③〔主人寂无为，众宾进乐方。〕主人寂寞无事做，众宾提出娱乐方。主人，曹丕、曹植兄弟。无为，无事可做。进，奉上。乐方，娱乐的方式。

④〔长筵(yán)坐戏客，斗鸡观闲房。〕长长筵席坐看客，宽大屋里观斗鸡。筵，竹席，古人席地而坐时铺的席，泛指筵席。闲房，宽大的房子。闲，空阔宽大。

⑤〔群雄正翕(xī)赫，双翘(qiào)自飞扬。〕群鸡角逐正凶猛，双翘张开自飞扬。群雄，指众斗鸡。翕赫，盛怒凶猛的样子。翘，尾部的长毛。翘，一作"翅"。

⑥〔挥羽邀清风，悍(hàn)目发朱光。〕挥动翅膀扇清风，圆睁双目发红光。羽，羽毛，指翅膀。邀清风，一作"激流风"。邀，招。悍目，同"睅目"，指大而突出的眼睛。

⑦〔觜(zuǐ)落轻毛散，严距往往伤。〕利嘴一啄轻毛散，装距往往伤对方。觜，鸟口，指鸡嘴。严距，装距，在鸡距上装上尖锐金属物。距，雄鸡爪子后面突出像脚趾的部分，斗时用来刺对方。

⑧〔长鸣入青云，扇翼独翱翔。〕长鸣之声响云天，扇动翅膀绕斗场。入青云，形容鸡鸣声高扬。翱翔，在空中回旋地飞，

此指绕着场地转。

⑨〔愿蒙狸膏助,常得擅此场。〕希望得到狸膏助,长久获胜斗鸡场。狸膏,狸的脂膏。狸,兽名,似狐而小,即俗称的野猫。因为鸡畏狸的气味,故用狸膏涂其头。擅,占有。

【鉴赏】

曹丕、曹植兄弟青少年时代和建安文人交往密切,常开展游宴活动。活动内容之一,出一个题目,大家分别写诗或作赋。以斗鸡游戏为题材,曹植写了《斗鸡》诗,应玚和刘桢也写了同题诗。应玚的《斗鸡》诗为:"戚戚怀不乐,无以释劳勤。兄弟游戏场,命驾迎众宾。二部分曹伍,群鸡焕以陈。双距解长绁,飞踊超敌伦。芥羽张金距,连战何缤纷。从朝至日夕,胜负尚未分。专场驱众敌,刚捷逸等群。四坐同休赞,宾主怀悦欣。博奕非不乐,此戏世所珍。"分析曹植"主人寂无为,众宾进乐方"和应玚"兄弟游戏场,命驾迎众宾"等诗句可知,此时曹丕、曹植兄弟关系平等和睦,曹丕和宾客之间也毫无主仆或君臣的气氛。建安十六年(211),曹丕为五官中郎将、副丞相(曹操为丞相),曹丕、曹植兄弟地位差别已经明显,如果曹植、应玚此时作诗,就写不出那样关系和谐的诗句。建安二十二年(217),曹操立曹丕为太子,曹植与曹丕之间裂痕更大,互相猜忌,关系十分紧张,此时曹植更写不出兄弟平等、同为"主人"的诗句了。曹丕被立为太子,和文友是准君臣关系,在诗中更不能以一般的"主人"与"宾客"相称了。由此看来,曹植这首斗鸡诗很大可能写于建安十六年之前,也就是说,这首诗是曹植二十岁之前的作品。

全诗分为三个部分。前六句为第一部分,写观斗鸡的起因。"游目"二句写主人贵公子生活的奢华无聊。美妙的歌伎舞蹈、悦耳的音乐也引不起诗人的兴趣。"主人"二句写宾客建议观看斗鸡。宾客的建议是基于诗人兄弟生活寂寞寡趣。"长筵"二句写游戏前的准备。诗人兄弟和众宾客坐在长长的筵席上,等待观看斗鸡,他们之间不分彼此,没有贵贱,其乐融融。中间八句为第二部分,具体描绘斗鸡的场面。"群雄"四句写斗鸡交锋前的凶猛气势。"翕赫""飞扬"渲染了斗鸡不可一世的气势,"邀清风""发朱光"描写了斗鸡的无比凶猛。"觜落"二句写斗鸡之间的交锋。第一句写斗鸡啄得准,嘴到毛散;第二句写斗鸡啄得狠,距到敌伤。"长鸣"二句写斗鸡获胜者得意的状态。"长鸣入青云",何等骄傲!"扇翼独翱翔",何等忘形!最后两句写观者的愿望,给斗鸡涂狸膏,企图永远获胜。

此诗由叙事到斗鸡场面的描写,再到情感的抒发。叙事条理清晰,形象鲜明,为下面描写作好了铺垫。斗鸡场面描写十分精彩,刻画生动、有趣,斗鸡动作栩栩如生。场景描写中流露出诗人兄弟及宾客紧张、兴奋、喜悦的心情。结尾抒情表达了主宾美好的愿望和依依不舍的心情。全诗结构紧凑,情景交融,浑然一体。青少年时代的曹植,能以斗鸡这样的题材写出如此饱含情趣的诗篇,的确显示了诗人早期的文学才华。

送应氏①

步登北邙阪，遥望洛阳山。②

洛阳何寂寞，宫室尽烧焚。③

垣墙皆顿擗，荆棘上参天。④

不见旧耆老，但睹新少年。⑤

侧足无行径，荒畴不复田。⑥

游子久不归，不识陌与阡。⑦

中野何萧条，千里无人烟。⑧

念我平生亲，气结不能言。⑨

【译注】

①"应氏"，指应玚（字德琏）、应璩（字休琏）兄弟。应玚先后为曹操丞相掾属、平原侯曹植庶子、五官中郎将曹丕文学，"建安七子"之一。应璩，魏明帝时为散骑侍郎、典著作，著名

诗人。

②〔步登北邙（máng）阪（bǎn），遥望洛阳山。〕步行登上北邙坡，远远眺望洛阳山。北邙，山名，又称"邙山""北山"，位于洛阳城东北。阪，同"坂"，山坡。洛阳山，洛阳周围的群山。

③〔洛阳何寂寞，宫室尽烧焚。〕洛阳城里多寂寞，原有宫殿全烧毁。尽烧焚，全部被焚烧。

④〔垣（yuán）墙皆顿擗（pǐ），荆棘上参天。〕城墙塌坏而断裂，荆棘丛生刺青天。垣墙，指城墙。垣，墙。顿擗，塌坏断裂。顿，塌坏。擗，分裂。参天，高耸到天空。东汉初平元年（190），洛阳被董卓烧毁，距曹植作此诗已有二十一年时间，故有"荆棘上参天"的惨象。

⑤〔不见旧耆（qí）老，但睹（dǔ）新少年。〕不见从前老人家，只是看到新少年。耆老，特指受人尊重的老者。古称六十曰"耆"，七十曰"老"。睹，看见。新少年，新一代的青年人。

⑥〔侧足无行径，荒畴（chóu）不复田。〕侧身行走无道路，荒芜田地不复耕。侧足，侧着身子行走。径，道路。荒畴，荒芜的田地。复，恢复。田，作动词用，耕种。

⑦〔游子久不归，不识陌（mò）与阡（qiān）。〕游子好久未回来，不识东西南北路。游子，指应玚、应璩兄弟。陌、阡，田野小路，南北为阡，东西为陌。

⑧〔中野何萧条，千里无人烟。〕原野一望多萧条，千里大地无人烟。中野，田野之中。

⑨〔念我平生亲，气结不能言。〕想我亲友不在世，中气郁

结不能言。我,代言,指"游子",即应场、应璩。平生亲,平素
的亲友。平生亲,一作"平生居"。气结不能言,用古诗成句。
《古诗五首·悲与亲友别》:"悲与亲友别,气结不能言。赠子
以自爱,道远会见难。"意思是,情绪激动,中气郁结说不出话。

【鉴赏】

建安十六年(211)正月,曹植被封为平原侯。七月,曹操
率军西征马超,曹丕留守邺城,曹植抱病从征,途经洛阳,与文
坛已负盛名的应场、应璩兄弟见面。不久,应氏兄弟将回归,曹
植作此诗送别。曹植和应氏兄弟会面时的洛阳,凄凉破败,与
二十多年前的繁华景象形成了鲜明的对照。中平六年(189)
四月,汉灵帝死,大将军何进密召董卓进京诛杀宦官,何太后不
同意,何进谋败被诛。九月,董卓杀何太后,立刘协为帝(献
帝)。初平元年(190)二月,董卓以山东兵盛为由,胁献帝迁都
长安,驱赶百万人往长安,悉烧洛阳宫室,二百里内家室荡尽。
曹植是董卓火烧洛阳三年后出生,对他来说,那是遥远的历史,
但目睹废墟惨象,想到国家仍未统一,无比感慨,尽写在诗中。

全诗可分为两个部分。前十句为第一部分,写送应氏兄弟
所见的情景。"步登"二句叙事,写送友的地点。应氏兄弟回
汝南故土,诗人送行登上了北邙阪,从而得以"遥望洛阳山",
见到洛阳周围的情景。"洛阳"四句写所见的景色。前两句写
远景,二十年前董卓焚烧了皇宫,至今满目苍凉,一片寂寞。后

两句写近景，垣墙毁坏倒塌，断垣残壁上生长的荆棘与云天相接，十分阴森可怖。"不见"四句写人世沧桑。前两句写在旷日持久的战乱中，人口大量减少，年长的大都在战争和饥荒中丧命，因而"不见旧耆老，但睹新少年"。后两句写由于百姓在动乱中大多死亡流失，一望无际的良田因无人耕种，以致百草丰茂，即便侧着身子也找不到路径，往日的良田不能再耕种了。诗的后六句为第二部分，代游子想象回乡所见及当时的心情。前四句写游子应氏兄弟回乡所见。由于常年战争，社会动乱，家乡面目全非，游子又外出多日，哪里找到回家的路？昔日的良田因无人耕种而一片萧条，大地"千里无人烟"。"念我"二句是诗人代应氏表达心情。应氏兄弟外出数年后回到家乡，平素的亲友已不在人世，每想到此都哽咽说不出话来。第一部分内容是写亲眼所见，是实写。第二部分内容写送友回乡时产生的想象，是虚写。实虚结合，完整地勾勒出东汉末年中国北方自然和社会荒凉破败、民不聊生的景象。

这首诗在表达上的重要特点是，在一个平常的送别诗的题目下，写出了表现时代主题的广阔的社会内容。诗人先写送友至北邙阪，在北邙山看洛阳大地的情景，再代替友人写回乡所看到的情景。全诗紧扣送别的题目，但又只字未提送友时难分难舍的私情，跳出了一般送别诗的框框，而写出了战乱后洛阳地区和整个中国北方荒凉萧条的情景，表达了诗人对国家和百姓的忧患意识，也间接地表达出结束战乱、改变社会面貌的重担将落在诗人自己和友人这一代青年的肩上。

送应氏

清时难屡得,嘉会不可常。①
天地无终极,人命若朝霜。②
愿得展嬿婉,我友之朔方。③
亲昵并集送,置酒此河阳。④
中馈岂独薄？宾饮不尽觞。⑤
爱至望苦深,岂不愧中肠？⑥
山川阻且远,别促会日长。⑦
愿为比翼鸟,施翮起高翔。⑧

【译注】

①〔清时难屡得,嘉会不可常。〕清平之时难多得,美好聚
会不经常。清时,政治清平时代。嘉会,美好的聚会。不可常,
不是经常都有,指分别后很难再相逢。

②〔天地无终极,人命若朝(zhāo)霜。〕天地苍茫无边际,人寿短暂如晨霜。终极,尽头。人命,人的寿命。朝,早晨。

③〔愿得展嬿婉(yàn wǎn),我友之朔方。〕希望能够展宏图,我的友人去北方。嬿婉,美好貌。我友,指应场。之,往。朔方,北方。

④〔亲昵(nì)并集送,置酒此河阳。〕亲人朋友齐相送,置办酒宴在河阳。亲昵,亲昵之人,指亲人朋友。集送,聚会饯行。河阳,黄河的北岸。此指汉代河阳县,故地在今河南孟州市。

⑤〔中馈(kuì)岂独薄?宾饮不尽觞(shāng)。〕酒食难道不丰盛?宾客饮酌不尽兴。中馈,此指酒食。古时进食物给长者称"馈",女子在家主持馈食之事,称"主中馈"。觞,饮酒器具。

⑥〔爱至望苦深,岂不愧中肠?〕爱极期望非常深,岂不令我愧心肠?爱至望苦深,唐人李善在《文选》中注:"言恩爱至情之极,所望悲苦愈深也。"至,极。望,盼望,希望。苦,太,很。愧中肠,内心惭愧。关于此句,一说应氏有求于曹植,曹植无力办到,故深感愧疚。

⑦〔山川阻且远,别促会日长。〕山川险阻且路远,即将分别会日长。阻,险要、难行。别促,别离的日子迫近。促,时间短,靠近。长,久远。

⑧〔愿为比翼鸟,施翮(hé)起高翔。〕愿为同飞比翼鸟,一起展翅高飞翔。比翼鸟,鸟名。《尔雅·释地》:"南方有比翼

鸟焉,不比不飞,其名谓之鹣鹣。"诗文中常用比翼鸟来比喻形影不离的爱侣或好友。施翮,展翅。施,展开。翮,羽茎,此指翅膀。

【鉴赏】

这首诗和上一首诗不是同一时期的作品,送友的地点不同,友人去的方向也不同。上一首"步登北邙阪",指送友送到北邙山。这一首"置酒此河阳",是指在河阳县和友人告别。上一首中"游子久不归",应氏将去东南方,回汝南家乡。这一首"我友之朔方",应氏去北方。另外,上一首中"应氏",指应玚、应璩兄弟,这一首中"应氏"指应玚一人。上一首诗,多数注家认为作于建安十六年(211),这一首诗,从现有史料看作于建安十六年(211)至建安二十二年(217)。上一首诗的内容表达了诗人对国家和百姓的忧患意识,这一首诗则写诗人与应氏的惜别之情及表达自己的愧疚之意。

全诗可分为四个部分。"清时"四句为第一部分,写诗人感叹清时难得,嘉会不常。"清时难屡得",既是对动乱时代的概括,也暗含为应氏未赶上清明时代不受重用而抱屈。"嘉会不可常",其根源也是清明时代很难出现。"天地无终极",是用天地的广大来反衬人生的短暂,故而叹息"人命若朝霜"。同时也强调"嘉会"难有,应当珍惜。"愿得"四句为第二部分,写"嘉会"的场景。"愿得展㛹婉",既是诗人的祝福,也是所有送行的亲朋的祝福,希望应氏这一次北方之行能得到施展宏图的机会。"亲昵"写送行的人,"河阳"写"嘉会"的地点。"中馈"四句为第三部分,写诗人的愧疚之情。前两句是明知故问,加强了情绪低落的气氛,虽有美酒佳肴,哪里有享受的心情?所以"宾饮不尽觞"。后两句义深文曲,表达了诗人愧疚的情感。诗人是一个仗义重情的人,对友人的愿望岂能不知,然而由于自己的地位和能力所限,爱莫能助。这两句是诗眼,抓住了这两句就理解了全诗的主旨。"山川"四句为第四部分,写诗人的心愿:同友人比翼高翔。前两句又回到"嘉会"的话题,和开篇呼应,山川险阻道路远,别后相会更加难。后两句是诗人浪漫的想象,希望二人化为比翼鸟,展翅一道在蓝天飞翔!在悲凉的声调里,透露出两人深厚的友情和对未来的美好希望。全诗表达了诗人虽有惜才之心但无助才之力的难言苦衷。

　　此诗表达了诗人与应场的深厚情感。一个"情"字贯穿全诗。"清时"四句,流露出诗人和应氏难分难舍的惜别之情,"愿得"四句凝聚了诗人对应氏由衷的祝福之情,"中馈"四句饱含了诗人爱莫能助的愧疚之情,"山川"四句浸透了诗人对应氏的深爱之情。这一首诗和上一首诗,各有所长,珠联璧合,相得益彰。

赠王粲①

端坐苦愁思,揽衣起西游。②
树木发春华,清池激长流。③
中有孤鸳鸯,哀鸣求匹俦。④
我愿执此鸟,惜哉无轻舟。⑤
欲归忘故道,顾望但怀愁。⑥
悲风鸣我侧,羲和逝不留。⑦
重阴润万物,何惧泽不周?⑧
谁令君多念,遂使怀百忧。⑨

【译注】

①王粲,字仲宣,山阳高平(今山东微山城西北)人。"建安七子"之一,被誉为"七子之冠冕",与曹植并称为"曹王"。此诗系模拟王粲《杂诗(日暮游西园)》而作。王粲《杂诗》:

"日暮游西园,冀写忧思情。曲池扬素波,列树敷丹荣。上有特栖鸟,怀春向我鸣。褰衽欲从之,路险不得征。徘徊不能去,伫立望尔形。风飙扬尘起,白日忽已冥。回身入空房,托梦通精诚。人欲天不违,何惧不合并?"

②〔端坐苦愁思,揽衣起西游。〕端正而坐苦愁思,提起衣角西园游。端坐,正坐。苦愁思,苦于愁思,为愁思而苦。西游,游邺城西园。

③〔树木发春华,清池激长流。〕树木盛开春季花,清澈水池激远流。华,同"花"。清池,指邺城玄武池,在今河北临漳西南,已湮灭。《三国志·武帝纪》:"(建安)十三年春正月,公还邺,作玄武池以肄舟师。"激长流,激起远来的流水。激,因受阻或震荡而向上涌。长流,远来的流水。

④〔中有孤鸳鸯,哀鸣求匹俦(chóu)。〕池中有只孤鸳鸯,哀声鸣叫在求偶。孤鸳鸯,比喻孤独的王粲。匹俦,伴侣,配偶,比喻彼此理想、志趣一致的人。

⑤〔我愿执此鸟,惜哉无轻舟。〕我愿收留这种鸟,痛惜无处觅轻舟。执,攫取,此指收留。惜,惋惜。无轻舟,比喻自己没有能力用王粲。

⑥〔欲归忘故道,顾望但怀愁。〕欲回忘记来时路,回首远看只怀愁。故道,旧路,来时走过的路。顾望,回头远远地看。但,只。

⑦〔悲风鸣我侧,羲(xī)和逝不留。〕悲风呼鸣我身边,时光远去不停留。羲和,神话中的日御,即太阳的驾车者。此指太阳。

⑧〔重(chóng)阴润万物,何惧泽不周?〕浓云密雨润万物,何惧恩泽不普及? 重阴,浓密的云雨。君为阳,臣为阴,曹操为丞相,故喻之为重阴。泽,恩惠。周,普遍。

⑨〔谁令君多念,遂使怀百忧〕谁人令你多思虑,致使百忧涌心头。君,指王粲。遂,一作"自"。

【鉴赏】

此诗表达的内容及情感与王粲诗关系密切。王诗描写了对友人的思念寄托之情:首先写游西园缘由,即借游园来排遣内心的忧思。接着写园中的景物,弯曲的小池扬起素波,成行的花木开出红花,一片赏心悦目的美景。然而满园的春色也无法改变诗人的心境,诗人忧虑的目光,凝视着树上孤栖的鸟儿,诗人觉得此鸟就像自己的友人,正在呼唤自己。诗人想提起衣襟,快步追随它,然而道路崎岖,难以成行,欲从无路,欲罢不能,只能久久地注视着那孤独的身影。王诗中,刻骨的相思与现实的矛盾交织在一起,诗人陷入难以自拔的痛苦之中。曹植也用诗表达了自己的愁思与欲助不能的苦衷,并劝慰王粲,风物长宜放眼量,应积极摆脱"百忧"的困扰。

全诗共十六句,可分为两个部分。前十二句为第一部分,写诗人苦于愁思。诗人端正而坐,深深地被愁思所困扰,为了摆脱愁思,提起衣角去游西园。西园里春色迷人,春花已经绽放,流水在清澈的小池里激起浪花。然而诗人的心情无法与春色交融,怎么也愉快不起来,于是眼光落在水池里孤独的鸳鸯身上。鸳鸯哀伤地叫着,那是在寻找自己的爱侣。诗人想收留这只孤鸟,然而找不到接近鸟儿的轻舟。此刻,两个诗人的心完全交融在一起。一个渴望找到自己的伴侣,欲罢不能;一个想救起这只孤鸟,爱莫能助。诗人无可奈何,想回到屋里去,然而忘记了来园的路,只能回头远远地眺望池中的景物。春风在身边悲鸣,时光在慢慢地流淌。后四句为第二部分,写诗人劝慰王粲。"重阴"二句安慰王粲,家父恩泽天下,有知识有能力的人总会得到重用。"谁令"二句劝王粲不要过度思虑,更不要陷入"百忧"难以自拔,劝慰之中略含一丝善意的责备之意。

　　这首诗巧妙地运用比喻委婉而含蓄地回应了王粲的期求。建安十三年(208),曹操为丞相。同年,刘表卒,部下王粲随其子刘琮归魏。建安十五年(210),曹操作《求贤令》,招募天下英才。王粲竭力求取功名。从王粲的诗中得知,此时王粲已到了邺城,正寻找贵人推荐,希望得到曹操录用。"中有孤鸳鸯,哀鸣求匹俦",将希望求得贵人相助的王粲比喻成哀鸣求偶的孤鸳鸯,形象、贴切,表达了诗人完全理解王粲求助的意图。"我愿执此鸟,惜哉无轻舟",诗人把自己比喻为迫切想收留孤鸳鸯的爱鸟人,表明自己有爱才之志,而无援才之力。这一形象的表白,既准确地传达了自己的苦衷,又避免了直白解说的尴尬。"重阴润万物,何惧泽不周",把丞相曹操比喻成可润万物的重阴,告知王粲,凡事往远处看,求得功名的机会肯定会有的。全诗比喻生动、形象,极富说服力。

弃妇篇①

石榴植前庭,绿叶摇缥青。②
丹华灼烈烈,璀采有光荣。③
光荣晔流离,可以处淑灵。④
翠鸟飞来集,拊翼以悲鸣。⑤
悲鸣夫何为? 丹华实不成。⑥
拊心长叹息,无子当归宁。⑦
有子月经天,无子若流星。⑧
天月相终始,流星没无精。⑨
栖迟失所宜,下与瓦石并。⑩
忧怀从中来,叹息通鸡鸣。⑪
反侧不能寐,逍遥于前庭。⑫
踟蹰还入房,肃肃帷幕声。⑬
搴帷更摄带,抚弦调鸣筝。⑭
慷慨有余音,要妙悲且清。⑮

收泪长叹息,何以负神灵?⑯

招摇待霜露,何必春夏成。⑰

晚获为良实,愿君且安宁。⑱

【译注】

①一作《弃妇诗》。汉末建安末年,曹操部下平虏将军刘勋妻王宋因无子被出。此事在邺下文人中引起强烈反应,他们纷纷作诗赋以抒己见,为王宋抱不平。曹丕有《代刘勋出妻王氏作》二首,王粲有《出妇赋》,曹植有《出妇赋》和此篇。

②〔石榴植前庭,绿叶摇缥(piǎo)青。〕前庭栽植石榴树,绿叶摇曳显淡青。前庭,宅墙与一进院落之间的院落。缥青,浅青色。

③〔丹华灼烈烈,璀(cuǐ)采有光荣。〕红花鲜明似火焰,如玉璀璨有光彩。丹华,红花。华,同"花"。灼烈烈,犹"灼灼烈烈"。灼灼,形容明亮的样子。烈烈,形容花红如火。璀采,璀璨,原是形容玉的光泽,此处形容石榴花灿烂明艳。光荣,光彩。

④〔光荣晔(yè)流离,可以处(chǔ)淑灵。〕光彩灿烂如琉璃,可以居住那神灵。晔流离,灿烂如琉璃。晔,光辉灿烂。流离,今通称"琉璃",天然的各种有光的宝石。处,居住,一作"戏"。淑灵,指下文的翠鸟。

⑤〔翠鸟飞来集,拊(fǔ)翼以悲鸣。〕翠鸟飞来相聚集,鼓

动翅膀而悲鸣。集,群鸟栖止树上。拊翼,拍动翅膀。

⑥〔悲鸣夫何为?丹华实不成。〕悲伤鸣叫为何事?徒有红花不结子。丹华实不成,喻妇人没有生子。

⑦〔拊心长叹息,无子当归宁。〕拍打胸部长叹息,膝下无子当被出。拊心,用手捶打胸部,表示悲伤。归宁,已嫁的女子回娘家省亲,此指女子被休,永归母家。

⑧〔有子月经天,无子若流星。〕有子如同月行天,无子好像是流星。月经天,月亮在天空运行。经,行。

⑨〔天月相终始,流星没无精。〕天上月亮始终照,流星泯灭无光明。相终始,指月行于天,光辉永存。没,灭。精,光明。

⑩〔栖(qī)迟失所宜,下与瓦石并。〕飘游停止失其所,下与瓦石在一起。栖迟,游息,行止。失所宜,指流星从天上坠落,失去所适合的地方。瓦石,喻地位低下的人。并,合并,并列。

⑪〔忧怀从中来,叹息通鸡鸣。〕忧愁从心深处来,叹息直到雄鸡鸣。忧怀,忧愁,忧思。从中来,从内心深处来。通,通达,到。

⑫〔反侧不能寐(mèi),逍遥于前庭。〕翻来覆去睡不着,慢步行走于前院。反侧,辗转反侧,翻来覆去。寐,睡,睡着。逍遥,徜徉,慢步行走貌。

⑬〔踟蹰(chí chú)还入房,肃肃帷幕声。〕徘徊之后回房间,只闻肃肃帷幕声。踟蹰,徘徊。肃肃,形容风吹帷幕声。

⑭〔搴(qiān)帷更(gèng)摄带,抚弦调(tiáo)鸣筝(zhēng)。〕提起帷幕再牵带,抚动琴弦弹起筝。搴,提,揭。更,

再,又。摄,牵引。抚弦调鸣筝,即弹筝。抚,轻轻地按。调,使协调。筝,拨奏弦鸣乐器,战国时期已流行,汉魏以前为十二根弦,唐宋以后弦增多。

⑮〔慷慨有余音,要妙悲且清〕慷慨激动有余音,乐声微妙悲且清。要妙,微妙。悲且清,悲凉又凄清。

⑯〔收泪长叹息,何以负神灵?〕停止哭泣长叹息,我凭什么负神灵?负,辜负。神灵,和"淑灵"同指翠鸟。这两句是说,翠鸟悲鸣是因为石榴无实,对我无子也有一定的同情,我怎么能有负神灵之鸟?

⑰〔招摇待霜露,何必春夏成〕桂树霜露方结实,为何一定春夏成。招摇,代桂树。春夏成,指石榴。比喻妇人迟生子没有什么不好,不一定像石榴成熟于春夏。

⑱〔晚获为良实,愿君且安宁〕晚点收获为良实,希望夫君将安好。良实,优良的果实。君,指丈夫。安宁,安定太平。

【鉴赏】

此诗作于建安末年,是曹植的前期作品。诗人代弃妇王宋诉说心中的怨情,希望夫君有所醒悟。

全诗可分为四个部分。前十句为第一部分,写弃妇表白自己容貌姣好,不幸无子。"石榴"六句写容貌。身材像长满绿叶在风中摇曳的石榴树,婀娜多姿;容颜像璀璨如火的石榴花,光彩照人。"翠鸟"四句写鸟的悲鸣。鸟儿停留在石榴树上,鼓翅悲鸣,为石榴树只开花不结果抱不平。鸟代树言,实为人语。接下来的八句为第二部分,写妇人有子与无子的不同命运。"拊心长叹",可见弃妇心情悲痛之深;"无子当归宁",可知弃妇思想受毒害之深。"有子"六句写有子与无子命运天壤之别:一个像一轮明月高悬在天,永放光芒;一个像流星坠落,黯然失色,与瓦石为伍。"忧怀"十句为第三部分,写弃妇将归未归,无聊悲伤的心情。作为一个妇人,最大的不幸莫过于被休,所以无比的忧伤从内心中涌来,唉声叹气直到鸡鸣。无奈她只好下床走走,又百无聊赖,只好折回房间,只听到风吹帷幕的凄凉声。唯有用弹筝来排遣忧愁,然而筝声缭绕,流露的还是一腔悲情。末六句为第四部分,写弃妇自我安慰,希望夫君不要立即赶走自己。一个人在痛苦绝望之中,有时会产生侥幸心理,寄希望于万一。弃妇收泪心想,既然神鸟因同情石榴开花不结果而悲鸣,也一定同情自己,保佑自己晚生贵子,自己不能辜负了神灵。桂树就是在下霜时才结果,自己也有晚生子的可能,希望夫君安心。全诗婉转,情真意切,倾诉了弃妇满腹的哀怨。

本篇塑造了一个容貌美丽、情感丰富的弃妇形象,成功在于细致的心理描写。诗的开头写石榴树摇曳缥青,石榴花灼烈璀璨,实际上是写弃妇体态婀娜多姿、容颜娇艳美丽,表明弃妇十分自信,认为自己的容貌和夫君完全般配。这是用比喻描写人物的形象,通过形象描写,间接地描写人物的心理,彰显人物的性格。诗的第二部分写弃妇的心理活动,捶胸长叹,十分悲伤,认为自己无子被休是理所当然。此处直接进行心理描写,说明弃妇受旧思想毒害之深。第三部分写弃妇夜不能寐,前庭徘徊,抚弦弹筝,通过人物的动作描写,间接地描写人物的心理,刻画出弃妇性格柔弱的一面。第四部分又从正面叙述弃妇的心理活动,直接进行心理描写。弃妇在绝望中产生一丝奢望,希望自己能迟生贵子,希望夫君能收回休妻的成命,表现出弃妇善良的性格。全诗直接心理描写和间接心理描写反复交替使用,多层次细腻地表现了弃妇缠绵悱恻的悲凉的心境,刻画出美丽、自信、柔弱、善良的弃妇形象。

赠徐幹①

惊风飘白日,忽然归西山。②
圆景光未满,众星粲以繁。③
志士营世业,小人亦不闲。④
聊且夜行游,游彼双阙间。⑤
文昌郁云兴,迎风高中天。⑥
春鸠鸣飞栋,流猋激棂轩。⑦
顾念蓬室士,贫贱诚足怜。⑧
薇藿弗充虚,皮褐犹不全。⑨
慷慨有悲心,兴文自成篇。⑩
宝弃怨何人? 和氏有其愆。⑪
弹冠俟知己,知己谁不然?⑫
良田无晚岁,膏泽多丰年。⑬
亮怀玙璠美,积久德愈宣。⑭
亲交义在敦,申章复何言?⑮

【译注】

①徐幹,字伟长,东汉北海(郡治今山东潍坊西南)人。哲学家,文学家,"建安七子"之一。官五官中郎将文学。著有《中论》传世。

②〔惊风飘白日,忽然归西山〕疾风飘飘在白日,日落西山忽然停。惊风,猛烈、强劲的风。白日,白天。

③〔圆景光未满,众星粲以繁〕天上明月尚未圆,星星灿烂且繁多。圆景,月亮。景,亮光。光未满,言月亮未全圆。粲以繁,明亮且繁多。以,且。

④〔志士营世业,小人亦不闲〕志士经营传世业,小人夜游也不闲。志士,有志之士,指徐幹。营,经营。世业,传世的大事业,指著书。小人,和"志士"相对,曹植戏称自己。不闲,即指下句"夜行游"。此为戏说,"夜行游",说明闲而无事。

⑤〔聊且夜行游,游彼双阙(quē)间〕姑且夜间去出游,游到宫门望楼间。聊且,姑且,暂且。双阙,宫门两侧的望楼。

⑥〔文昌郁云兴,迎风高中天〕文昌云气郁然起,迎风高耸达半天。文昌,邺宫的正殿名。郁云兴,云气郁然兴起。郁,盛貌。迎风,邺城的迎风观。

⑦〔春鸠(jiū)鸣飞栋,流猋(biāo)激棂(líng)轩〕春鸠鸣叫于高梁,旋风猛吹长廊窗。春鸠,鸟名,外形像鸽子。飞栋,高耸的屋梁。流猋,旋风。猋,同"飙"。棂轩,有窗格的长廊。棂,窗户上的格子。

⑧〔顾念蓬室士,贫贱诚足怜〕想念陋室中贫士,穷困位

卑真可怜。蓬室士,陋室里的贫士,指徐幹。蓬室,蓬户,编蓬为户,指穷人的住屋。

⑨〔薇藿(huò)弗充虚,皮褐(hè)犹不全。〕薇藿之食不果腹,粗皮短衣还不全。薇藿,泛指野菜。薇,野菜名,即野豌豆。藿,豆类作物的叶子。弗充虚,不能填充空腹,不充饥。皮褐,皮制的短衣。不全,不掩形,不能完全掩盖身体。

⑩〔慷慨有悲心,兴文自成篇。〕慷慨悲壮立大志,撰写《中论》成名篇。有悲心,有悲壮之心,指"有箕山之志"。兴文,写文章。

⑪〔宝弃怨何人?和氏有其愆(qiān)。〕宝玉被弃怨何人?持宝之人有其过。《韩非子·和氏》记载,楚人卞和得一璞玉,先后献给楚厉王和楚武王,均因无人识别宝玉,获罪被刖足。到楚文王时,此璞玉终于被鉴定为真宝。此处典故活用,"宝"指徐幹的才能,"和氏"指怀揣真才实学的徐幹。愆,过失。

⑫〔弹冠俟(sì)知己,知己谁不然?〕弹冠欲仕待知己,知己处境谁不同?意思是徐幹正等待知己曹植推荐出仕,而曹植也是被弃之宝,不受重用,彼此处境没有什么不同。弹冠,弹去帽子上的灰尘。俟,等待。谁不然,谁不是这样。

⑬〔良田无晚岁,膏(gāo)泽多丰年。〕良田不会收成晚,雨水充沛多丰年。意思是有德有才的人一定会得到重用。晚岁,收成迟。膏泽,犹"膏雨",滋润土壤的雨水。

⑭〔亮怀玙璠(yú fán)美,积久德愈宣。〕确实怀抱美德者,天长日久德更显。意思是一个人确实有美德,时日愈久,德

性愈彰显,愈被世人了解。亮,确信。怀,怀抱,怀有。玙璠,美玉,喻美德。宣,显示。

⑮〔亲交义在敦(dūn),申章复何言?〕密友情谊在勉励,赠诗之外又何言?亲交,亲密的朋友。义,情谊,恩谊。敦,勉励。申章,指赠这首诗。申,陈。章,诗章,诗篇。

【鉴赏】

徐幹自幼勤奋好学,十五岁前已能诵文数十万言,二十岁前就出口成章,操翰成文。徐幹擅长辞赋,诗也写得不错。他的传世之作《中论》比较全面地反映了他的哲学思想及文章概况。在"建安七子"中,曹丕对徐幹的评价极高:"而伟长独怀文抱质,恬淡寡欲,有箕山之志,可谓彬彬君子者矣。著《中论》二十余篇,成一家之言,辞义典雅,足传于后,此子为不朽矣。"(《与吴质书(二)》)徐幹青少年时代,朝政腐败,军阀割据,天下大乱。他专心学习,不思为官。曹操曾任命他为司空军谋祭酒参军、五官将文学,他以病推辞。当时他身居陋室,"并日而食",过着十分清苦的生活。不久,曹操又任命他为上艾长,他仍然以身体不好推辞不就。建安中期,曹操平定了北方,社会逐渐安定,天下归一有了希望。此时徐幹应召为司空军谋祭酒掾属,又转五官中郎将文学。此诗应作于徐幹应召之前,在建安十二年(207)前后。

全诗共二十八句,可分为三个部分。前十二句为第一部

分,写夜晚邺城的景色。"惊风"四句写夜晚的天气。诗里的
"白日",所见注家均作"太阳"解,大意是太阳在疾风中飘荡,
忽然落入西山。明月未全圆,满天的星星闪闪发光。此解,不
仅写了夜晚的天气,也写了白天的天气,与诗意有出入。更重
要的是,"忽然"二字令人费解。诗人为什么要写太阳瞬间落
西山呢?如将"白日"作"白天"解,既突出了写夜景,又使"忽
然"有了着落。白天太阳高照,局部空气受热上升,其他冷空气
与之形成对流,也就产生了风。晚上,局部空气停止受热,不再
上升,也就没有空气对流,风也忽然停了,如同太阳一起归了西
山。曹植没有现代的气象知识,但尊重事实,如实地描绘了夜
晚天气景象。疾风刮了一天,日落时分忽然停了。此时天气晴
朗,明月尚未全圆,星星显得灿烂而繁多。诗人在这里,不是从
白日写起,而写的全是夜景。在这美丽、宁静的夜晚,诗人思潮
澎湃,诗兴大发,此时最值得关心的人和最需要惦念的事一股
脑儿地涌上心头。"志士营世业,小人亦不闲"句,诗人一下子
把自己的夜游和好朋友徐幹的身世联系起来。"文昌"四句描
写夜色里邺城宫殿雄伟的气势和生机勃勃的氛围,显示太平盛
世开始来临,当下正是有志之士一展宏图的大好时机。前人
说,曹植的诗工于起调,这首诗是最好的例证。在这样夜光如
水、美丽而宁静的夜晚,诗人思念自己的好友,想到如何开导他、
勉励他积极地面对人生,在即将到来的盛世干一番宏伟事业。
诗人把自己的真情实感和夜晚美丽的景色完全交融在一起。

　　中间十句为第二部分,写徐幹贫贱的处境和壮志。"顾

念"四句描绘了徐干穷困的生活。他住的是蓬草覆盖的陋室，吃的是野豆和野豆的叶子，穿的是不能掩蔽身体的差衣服。如此窘境，令诗人深深叹息："贫贱诚足怜。""慷慨有悲心，兴文自成篇"句，写徐干的壮志和雄才。这与徐干的处境形成了强烈的对比，从而对徐干的德才给予充分的肯定。诗人又很自然地想到，徐干你有这样的壮志和雄才，为什么不入世贡献自己的才干？现在社会已走向安定，正需要你这样的人才啊！"宝弃怨何人？和氏有其愆。"你满腹经纶，不来为国家做事，怨得了谁呢？你这位怀揣珍宝的"和氏"也有一定的过失啊！诗人在充分赞扬的同时，也流露出善意的批评。"弹冠"二句说，你等待知己推荐你、重用你，作为你的知己的我，同样不在高位，也等待得到重用啊！诗人推心置腹，希望徐干能理解自己的处境。中间十句是全诗的重点，对徐干的处境深表同情，同时希望徐干能理解自己。

　　末六句是第三部分，劝勉徐干出仕。曹植的诗善用比喻，且多而贴切。此处用"良田"与"膏泽"比喻有德有才的人，用"丰年"比喻一个人能干出一番大事业，用"玙璠"比喻美德。诗人语重心长地说，你是一个有德有才的人，现在出来做事一点都不晚，相信你有一肚子学问，一定会为国家作出大贡献。"亲交"二句收束全诗。诗人认为，真正的好朋友，就在于互相勉励，我的心意全在诗里，不需要再说什么了。话语真诚、恳切，表达了诗的主旨。

公 宴①

公子敬爱客,终宴不知疲。②

清夜游西园,飞盖相追随。③

明月澄清景,列宿正参差。④

秋兰被长坂,朱华冒绿池。⑤

潜鱼跃清波,好鸟鸣高枝。⑥

神飙接丹毂,轻辇随风移。⑦

飘飖放志意,千秋长若斯。⑧

【译注】

①公宴,官家的宴会。此篇为曹植随其兄曹丕在铜雀园宴会上所赋。

②〔公子敬爱客,终宴不知疲。〕公子敬爱众宾客,宴会始终不知疲。公子,诸侯之子,此指曹丕,时为五官中郎将。敬

爱,一作"爱敬"。终宴,宴会始终。终,自始至终。

③〔清夜游西园,飞盖相追随。〕清静夜晚游西园,轻车飞快相追随。西园,即曹丕《芙蓉池作》"逍遥步西园"之西园,就是文昌殿西的铜雀园。飞盖,飞快的车。盖,车盖,此处指代宾客乘的车。

④〔明月澄(chéng)清景,列宿(xiù)正参差(cēn cī)。〕明月皎洁放清光,众星闪闪正稀疏。澄,静而清,澄澈。清景,清光。列宿,众星。参差,不一致,不整齐,此处指星星稀疏。

⑤〔秋兰被长坂(bǎn),朱华冒绿池。〕秋兰铺满长坡地,芙蓉覆盖绿水池。秋兰,一种生长在水边的香草,多在秋天开花。被,覆盖。长坂,长长的斜坡。朱华,芙蓉。华,通"花"。

⑥〔潜鱼跃清波,好鸟鸣高枝。〕潜水之鱼跃清波,美丽鸟儿鸣高枝。潜鱼,潜在水中的鱼。好鸟,美丽的鸟。

⑦〔神飙(biāo)接丹毂(gǔ),轻辇(niǎn)随风移。〕疾风激荡着丹毂,轻辇随风而前移。神飙,神奇的回风。飙,疾风。本无风,由于车速很快而产生空气相对流动,故曰"神飙"。丹毂,红色的车毂。毂,车轮中心的圆形木头。辇,古时用人拉或推的车,后多指皇帝、皇后乘的车。

⑧〔飘飖(yáo)放志意,千秋长若斯。〕随风逍遥而放纵,但愿千秋长如此。飘飖,随风飘荡,此处形容逍遥。放志意,放纵精神。志意,意志,精神。千秋,千年,形容时间很长。若斯,如此。

【鉴赏】

曹操经过与军阀割据势力多年的征战,于建安中期统一了北方,社会逐步恢复安定,经济开始复苏,文学创作也呈现繁荣的景象。魏都邺城是建安文人活动的中心,以曹丕、曹植兄弟为旗帜,周围形成一支极具活力的创作队伍。曹丕、曹植兄弟与王粲、徐幹、陈琳、阮瑀、应玚、刘桢等友善往来,唱和诗赋。西园,即铜雀园,是曹丕、曹植兄弟经常宴请宾客的游乐之地,他们常常在酒酣耳热之时,以同一题目或同一题材吟诗作赋。"公宴"就是诗人创作的一类题目。王粲、刘桢、阮瑀、应玚等都有《公宴》诗。曹植《公宴》诗和曹丕《芙蓉池作》诗题材一致,有些词语类似,可能作于同一时期。建安十五年(210)冬,曹操建铜雀台于邺城,曹植作《公宴》诗应在此后;诗中称曹丕为"公子",不称"太子",此诗应作于建安二十二年(217)曹丕被立为魏王太子之前。这一阶段是建安文学鼎盛时期。

此诗是公宴活动的剪影。全诗可分为三个部分。首四句为第一部分,写公宴的概况。主角是公子曹丕,此时为五官中郎将,他惜才爱客,精神亢奋快乐,参加宴会自始至终不知疲倦。时间是夜晚,地点是西园,活动主要内容是驾车游园。中间六句为第二部分,写西园夜晚的美景。天上:皓月当空,清光如泻;众星陈列,时隐时现。地面:秋兰盛开,遍地芬芳;芙蓉出水,争妍斗丽。水中树上:潜鱼活跃,腾出清波;美丽鸟儿,鸣叫高枝。好一派生机蓬勃的景象!末四句为第三部分,写主宾畅游,由自然景色写到人物活动。由于车速飞快,清风扑面而来,人间俗事统统被抛于脑后,精神无比兴奋放纵,诗人发自内心深处呼喊:永远保持这种喜悦不受拘束的状态吧!全诗篇幅虽短,趣味无穷,令人诵后如临其境,如闻其声,深受感染。

曹植的诗讲究对偶和炼字。"明月"六句,三联均为对偶,后两联尤其工整。"被""冒","跃""鸣",准确、形象,可见诗人遣词用字的匠心。这些诗句已暗含后世律诗的平仄,极富音乐美。曹植在五言律诗形成过程中起了重要作用。

杂 诗①

高台多悲风,朝日照北林。②

之子在万里,江湖迥且深。③

方舟安可极? 离思故难任。④

孤雁飞南游,过庭长哀吟。⑤

翘思慕远人,愿欲托遗音。⑥

形景忽不见,翩翩伤我心。⑦

【译注】

①杂诗,指兴致不一、不拘流例、遇物即咏之诗。《文选》有"杂诗"一目,收曹植诗六首。这些诗不是同一时间所作,彼此内容也无关联。此篇系怀念人的诗,怀念的人可能是曹彪。曹彪,曹操之子,曹植异母之弟。

②〔高台多悲风,朝(zhāo)日照北林。〕高台之上多悲风,

初升太阳照北林。悲风,凄厉的风。北林,林名。《诗经·秦风·晨风》:"鴥彼晨风,郁彼北林。未见君子,忧心钦钦。如何如何,忘我实多。"此处为借用,也可理解为泛指北面的树林。

③〔之子在万里,江湖迥(jiǒng)且深。〕怀念那人万里外,江湖相隔远又深。之子,那个人。在万里,在万里之外,形容距离遥远。江湖,指水。迥,远。

④〔方舟安可极?离思故难任。〕方舟哪里可到达,离别愁思难承受。方舟,两条船并在一起谓之方舟。古时候大夫远行乘方舟。极,到达。离思,离别的愁思。任,接受。

⑤〔孤雁飞南游,过庭长哀吟。〕离群单雁南飞游,经我庭院长哀吟。孤雁,脱离群体孤单的雁。过庭,指孤雁飞行经过诗人的庭院。哀吟,悲哀地叫。

⑥〔翘思慕远人,愿欲托遗(wèi)音。〕举首思念远方人,希望托雁送音信。翘思,抬头思念。慕,向往。遗音,送去音信。遗,给予。

⑦〔形景(yǐng)忽不见,翩翩伤我心。〕孤雁形影忽不见,翩翩而去伤我心。形景,指孤雁的形影。景,同"影"。翩翩,形容鸟飞的样子。

【鉴赏】

曹彪,字朱虎,曹操第十七子,比曹植小三岁。黄初四年(223),曹植、曹彪和任城王曹彰同到京师洛阳参加朝会。曹彰在洛阳死。曹植、曹彪回封地时,本可以同行一段路程,朝廷担心他们共谋不轨,由监国使者出面横加阻拦。兄弟二人只好分别上路。分别时,曹植作《赠白马王彪》诗,曹彪作《答东阿王》诗唱和。二人关系相当亲密。此时曹彪徙封吴王,都广陵(今江苏淮阴)。曹植回封地鄄城(今山东鄄城)。鄄城与广陵之间多江、湖,相距遥远。曹植回封地后对其弟曹彪十分怀念,而作此诗。

全诗可分为三个部分。首二句为第一部分,写怀念亲人的场景,寓情于景,为全诗确定了悲凉的基调。风是自然现象,只有风力大小之别、气温高低之分,没有喜忧之说,之所以给人悲凉的感觉,是因为风中人的心情所致。诗人怀念亲爱的弟弟曹彪,此时什么风都给人悲凉的感受。"朝日照北林",由"北林"使人联想到《诗经》里多情的女子对"未见君子"的忧心忡忡情难平,增强了悲伤的气氛。中间四句为第二部分,写思念亲人的缘由。思念的亲人啊,远在千里之外,中间相隔数条江、数个湖,虽有方舟也很难到达,离思之情实难忍受。诗人如此思念远方的弟弟曹彪是有根源的。曹植天资聪颖,才能出众,早年备受曹操宠爱,差一点被立为太子。后来曹操再三思量,权衡利弊,最后立曹丕为太子。曹丕做了皇帝之后,对曹植、曹彪甚为猜忌。曹彪在曹丕即位前后,一直站在曹植一边,经常为曹植说话,使得曹丕对曹植、曹彪疑心更重。曹植、曹彪所受到的压力比别的兄弟更大,二人的感情也更加深厚。末六句为第三部分,写诗人如何思念亲人。失群的孤雁向南去,经过诗人的庭院,发出长长的哀吟。诗人如同这只孤雁,心向南方,怀念远在千里之外的弟弟。鸿雁传书,诗人希望孤雁给亲人捎去音信,然而,倏忽孤雁不见踪影,沉重的失落感使诗人更加伤痛。

　　一、二两部分在表现手法上属于赋,把对亲人的思念平铺直叙地表达出来,言简意明,让读者准确地感受到诗人悲思的由来。第三部分六句用比兴的手法形象地描绘出诗人对亲人刻骨铭心的思念。"孤雁"的描写是类比,与比喻相似,但又不等同于比喻。以孤雁比诗人,形象逼真,感染力强。以"孤雁"二句起兴,引出"翘思"四句所写形影不见、传书不能,蕴含深远,耐人寻味。

杂　诗

转蓬离本根，飘飖随长风。①
何意回飙举，吹我入云中。②
高高上无极，天路安可穷？③
类此游客子，捐躯远从戎。④
毛褐不掩形，薇藿常不充。⑤
去去莫复道，沉忧令人老。⑥

【译注】

①〔转（zhuǎn）蓬离本根，飘飖随长风。〕飘转蓬草离根干，飘飘扬扬随远风。转蓬，随风飘转的蓬草。《后汉书·舆服志》："上古圣人，见转蓬始知为轮。轮行可载，因物知生，复为之舆。"后世常用其来比喻身世飘零。本根，草木的根干。飘飖，飘荡，飞扬。长风，远风。

②〔何意回飙举,吹我入云中。〕岂料旋转狂风起,把我送入云彩中。何意,怎能料到。回飙,旋转的狂风。

③〔高高上无极,天路安可穷?〕天宇高远无边际,天路怎么可穷尽? 无极,没有尽头。安,哪里,怎么。穷,终极。

④〔类此游客子,捐躯远从戎。〕如同漂泊的游子,献身从军去远方。类,类似,好像。游客子,指漂泊在外的人,即游子、客子。捐躯,舍身效命。从戎,投身军旅。

⑤〔毛褐不掩形,薇藿常不充。〕粗毛布衣不蔽体,野菜果腹常不足。毛褐,粗毛粗布衣服。掩形,遮蔽身体。薇藿,泛指野菜。薇,野豌豆。藿,豆类作物的叶子。充,满足。

⑥〔去去莫复道,沉忧令人老。〕撇开这些不再说,沉重忧伤使人老。去去,撇开,此处为自嘲语,当时诗中常用的套语。

【鉴赏】

曹植一生追求理想,热衷功名。然而命运多舛,屡遭挫折。黄初二年(221),监国谒者灌均迎合曹丕的意图,上奏说曹植醉酒傲慢,劫持要挟使者,有司请治其罪。曹丕因为母亲的缘故,只是将曹植降为安乡侯;同年,又将他改封鄄城侯;黄初三年(222),封曹植为鄄城王,食邑二千五百户;明帝太和元年(227),又将他改封到浚仪;太和二年(228),又令他回到雍丘。曹植一直颠沛流离,始终得不到重用。当时的法律对封侯很苛刻,部属均是商贾俗人,士兵也都是老弱病残,总数不过二百人。而曹植因为之前的过失,每种待遇又被减去一半,虽然贵为王侯,实际生活十分困苦。曹植在《迁都赋序》里说:"号则六易,居实三迁。连遇瘠土,衣食不继。"诗人在本诗中将自己比喻为飘摇不定的转蓬,十分形象贴切。

　　全诗可分为两个部分。前六句为第一部分,写转蓬的命运。"转蓬离本根,飘飖随长风",写转蓬的特征,和本根脱离,随风飘扬。"何意回飙举,吹我入云中",写转蓬失去自主,完全被动的情形。诗人的命运也是如此,一直漂泊不定,名曰被封为王侯,实则近似被发配异乡。"何意"二字透露了诗人对命运不公的惊诧和感叹。"高高上无极,天路安可穷",是对转蓬飘摇不定命运的悲叹,表达了诗人对自己前途的迷茫。后六句为第二部分,写游子的命运。"类此游客子,捐躯远从戎",写游子生活的特征,一是"捐躯",放弃了一切;二是"远从戎",流浪远方。这两点和诗人的命运完全相符。"毛褐不掩形,薇藿常不充",写游客子艰苦的生活,也是诗人生活的写照。"去去莫复道,沉忧令人老",诗人对远征的游子无比地关怀与同情,但自己没有力量相助,因为自己也像转蓬一样到处漂泊。诗人深感自己无能为力,所以感慨,不说也罢,说了只是徒增沉重的悲伤!此时无声胜有声,更加突出了诗人内心难以排解的伤痛。

　　这首诗以"飘飖随长风"的转蓬比喻"捐躯远从戎"的游子,又以转蓬与游子比喻迁徙不定、生活窘迫的自己,比中有比,十分别致。文学的成功,不在于推理说教,贵在以形象感人。此诗连环比喻,生动形象,传达的感情鲜明、贴切,艺术效果极佳。

杂 诗

西北有织妇,绮缟何缤纷。①

明晨秉机杼,日昃不成文。②

太息终长夜,悲啸入青云。③

妾身守空闺,良人行从军。④

自期三年归,今已历九春。⑤

飞鸟绕树翔,嗷嗷鸣索群。⑥

愿为南流景,驰光见我君。⑦

【译注】

①〔西北有织妇,绮缟(qǐ gǎo)何缤纷。〕西北天上织女星,织出丝绸多缤纷。《诗经·小雅·大东》:"跂彼织女,终日七襄。虽则七襄,不成报章。"大意是说,织女星虽然七次移动位置,却织不成有纹理的丝织品。织妇,织女星。绮缟,精美有花

纹的丝织品。缤纷，繁多而杂乱的样子。

②〔明晨秉机杼(zhù)，日昃(zè)不成文〕清晨手操织布机，日暮所织没纹路。明晨，清晨。秉，持。机杼，织机。杼，织梭。日昃，太阳偏西的时候。"昃"，一作"暮"。不成文，没有织出纹路。文，纹理。此处言由于忧伤烦乱而无法操持织机。

③〔太息终长夜，悲啸入青云〕长声叹息达通宵，悲哀长鸣震青云。太息，长声叹气。悲啸，凄戚长鸣。

④〔妾身守空闺，良人行从军〕妾身独自守空房，夫君离家去从军。妾身，旧时女子谦称自己。空闺，丈夫外出，妻子独居之屋。良人，古时候女子对丈夫的称呼。从军，参加军队。

⑤〔自期三年归，今已历九春〕自己期望三年回，今已经历九个春。期，期望，期待。九春，九个春天。

⑥〔飞鸟绕树翔，嗷嗷(jiào jiào)鸣索群〕飞鸟绕树来回飞，嗷嗷啼鸣找伴侣。嗷嗷，悲鸣声。索群，寻找群鸟。群，此指伴侣。

⑦〔愿为南流景，驰光见我君〕愿为南逝一束光，飞驰亮光见夫君。流景，闪耀的光。景，亮光。

【鉴赏】

曹操去世以后，曹丕、曹叡父子先后做了皇帝，曹植一直生活在封地，远离皇权中心和母亲兄弟，十分失落。他常以思妇和征夫为题材，写他们的相思之情，以此寄托自己的苦闷。这首写织妇思夫的诗,写作年代不详,表达了失意和忧闷的心情。

全诗可分为三个部分。"西北"六句为第一部分,写织妇秉机不成文而叹息。"西北有织妇,绮缟何缤纷。"这里的"织妇"指织女星,天上有织女星和牛郎星,从牛郎星位置看织女星在西北方,两星隔银河相望。传说每年七月七日,牛郎、织女通过喜鹊搭桥相会一次。这是一个美丽而凄凉的爱情故事。织女因思念牛郎心乱而织不成有纹理的绮缟。写织女是起兴,意在引出下面写人间的织妇。"明晨秉机杼,日昃不成文。"织妇平时织布驾轻就熟,今天太阳已经偏西,还织不出一寸布匹。原因是,织妇思念夫君,心神无法安定。"太息终长夜,悲啸入青云。"三年的预期已到,夫君为什么还不回来,织妇无法控制自己的情绪,哀叹声直冲云天。神话中的织女,人间的织妇,两幅凄美的画面何等相似,令人深深地同情。"妾身"四句为第二部分,写织妇为何叹息。"妾身守空闺,良人行从军。"原来是夫君从军在外,织妇独守空闺。对一个少妇来说,这种处境实在难以忍受。"自期三年归,今已历九春。"织妇本希望夫君三年回归,如今过了九春,感叹为什么还见不到夫君。"九春"有两种解释。一种解释,春天可分为孟春、仲春、季春,一年三春,九春即为三年。另一种解释,一年一个春天,九春即为九年。有的注家认为,"九春"代九年才符合诗意。夫君九年未归,大大超过预期,故织妇方十分悲叹。实际上,"九春"代三年更合诗意。古有"三春"一词,九春代三年容易知晓。更重要的是,夫君三年未回家,毕竟刚过预期,织妇的心情,失望中还有期望,悲凉中应幻想着惊喜,所以心绪才更加紊乱,"日昃不成文"。如"九春"作九年解,织妇经过无数次失望,早已心灰意冷,很难有撕心裂肺的悲叹了。末四句为第三部分,写织妇所见所想,刻画了织妇思夫的心理活动。"飞鸟绕树翔,嗷嗷鸣索群。"织妇在叹息中看到了绕树飞翔的孤鸟,意识到那是孤鸟在寻偶,受到启发,于是产生了神奇的想象。"愿为南流景,驰光见我君。"幻想自己化为一道亮光,照见了那日夜盼望的夫君。想象虽然大胆,但又合情合理,使诗境充满了凄美的情调。

这首诗在表达上最大的特点是,诗人想象丰富,从天上的织女星联想到人间的织妇,从孤鸟索群的悲鸣,联想到织妇思君的叹息,由飞鸟翱翔之快,联想到闪光的神速,最后想象织妇化为一道亮光去见那朝思暮想的夫君。全诗短短的十四句七十个字,用极其浪漫的色彩,描绘出一个奇异的境界。

杂 诗

南国有佳人，容华若桃李。①
朝游江北岸，夕宿潇湘沚。②
时俗薄朱颜，谁为发皓齿？③
俯仰岁将暮，荣曜难久恃。④

【译注】

①〔南国有佳人，容华若桃李。〕长江之南有美人，容颜美丽如桃李。南国，指长江之南。佳人，美人。容华，容颜。桃李，指桃李开的花。

②〔朝游江北岸，夕宿潇湘沚（zhǐ）。〕早晨行走江北岸，晚宿潇湘之小洲。游，从容地行走。江北，长江之北，一作"北海"。潇湘，"潇"与"湘"均为水名，两水在湖南零陵北汇合。沚，水中的小洲。此处言生活迁徙不定。

③〔时俗薄朱颜,谁为(wèi)发皓齿?〕时俗轻视红颜女,佳人为谁而唱歌? 薄,轻视。朱颜,红颜,美色,指佳人。谁为,为谁。发皓齿,指开口唱歌。发,开。皓,白。

④〔俯仰岁将暮,荣曜难久恃〕俯仰瞬间岁月逝,美丽容颜难久依。俯仰,俯仰之际,指时间短促。荣曜,指桃李花开得灿烂,即佳人容颜的美丽。恃,依靠。

【鉴赏】

这首诗从字面上看是一首写佳人的诗,共八句,可分为三个部分。前两句为第一部分,写佳人容颜。佳人若桃李花之灿烂,光彩照人。中间四句为第二部分,写佳人的薄命。佳人居无定所,到处奔波,早上在江北,晚上住潇湘,然而还遭到世俗的鄙视,不知为谁效命。末两句为第三部分,写佳人对命运的感叹。自己虽然天生丽质,但世俗无视你的美丽。人生易老,青春不能长驻,自己的美丽很难作为长久凭借的资本,细想极恐。

细细品味,这首诗本意不是写某一位真实的美人。真实的人都有具体的人生,而这首诗写得非常笼统。"朝游江北岸,夕宿潇湘沚",更不像写某位真实的美人。那么诗人在写谁呢?清代学者张玉穀评析:"此首伤己之徒抱奇才,仆仆移藩,无人调护君侧,而年将老也。通体以佳人作比,首二自矜,中四自惜,末二自慨,音促韵长。"(《古诗赏析》卷九)也就是说,曹植这首诗旨在自伤:首先以佳人自比,肯定自己的才华。接着叹息自己颠沛流离,得不到重用,无法实现报国之志。最后感慨岁月无情,终将老去,才华不再是自己实现鸿鹄之志的资本。这种解析比较符合曹植的生平和思想实际。

也有人认为这首诗中诗人是伤其弟曹彪。清末民国初的学者黄节说:"佳人盖指彪,时为吴王也。《魏志》:彪于黄初三年,徙封吴王,五年改封寿春县,七年徙封白马,朝游夕宿,喻迁徙无定也。"(《曹子建诗注》卷一)曹彪曾为吴王,吴在中国南方,与"南国佳人"相合。曹彪多次徙封,与"朝游江北岸,夕宿潇湘沚"相合。诗人以伤别人从而自伤,以为别人鸣不平,从而间接表达自己心中的不平,也合乎情感逻辑。两种解析,主旨完全一致,都有助于对本诗的理解与欣赏。

此诗通篇都是比喻,以佳人比喻有才华的人,以"容华若桃李"比喻出众的才华,以"时俗薄朱颜"比喻有才华的人不被重用。诗句中比喻的本体和喻词"好像""如同"等都不出现,只出现"佳人"等喻体,在修辞上这种比喻被称为"借喻"。由于诗人成功而巧妙地运用了借喻,这首诗的语言生动形象,表达的寓意含蓄深刻,耐人寻味。

杂　诗

仆夫早严驾，吾行将远游。^①

远游欲何之？　吴国为我仇。^②

将骋万里涂，东路安足由？^③

江介多悲风，淮泗驰急流。^④

愿欲一轻济，惜哉无方舟。^⑤

闲居非吾志，甘心赴国忧。^⑥

【译注】

①〔仆夫早严驾，吾行将远游。〕车夫早已整车驾，不久我要去远游。仆夫，指驾车的人。严驾，整备车马。行将，不久就要。

②〔远游欲何之？吴国为我仇。〕远游要往哪里去？孙权吴国是我仇。何之，去何处。之，去，往。吴国，即孙权建立的

吴国。

③〔将骋(chěng)万里涂,东路安足由?〕将要驰骋万里路,东去鄄城怎能走?骋,奔驰。涂,通"途"。安足,如何能够。由,行。

④〔江介多悲风,淮泗(sì)驰急流。〕长江一带多悲风,淮泗之水驰急流。江介,沿江一带。江,长江。悲风,凄厉的风。淮泗,淮水与泗水。淮水流经今河南、安徽、江苏三省,泗水流经今山东、安徽、江苏三省。江淮地区当时是魏国南境,魏吴在此经常征战。讨伐孙权,江淮是必经之地。

⑤〔愿欲一轻济,惜哉无方舟。〕意欲江河能飞渡,痛惜自己无方舟。愿欲,志愿,欲念。一轻济,一下子飞快地渡过江河。方舟,两船相并,此指船只,比喻权柄。

⑥〔闲居非吾志,甘心赴国忧。〕闲居本非我志向,甘心献身解国忧。闲居,在家住着没事做。国忧,国家的忧患。

【鉴赏】

黄初四年(223)五月,曹植与白马王曹彪、任城王曹彰一同到京师朝见天子。到洛阳后,曹彰死。七月,曹植与曹彪回封地。朝廷官员告诉曹植、曹彪,二人回封地不能同行同宿(恐图谋不轨)。曹植对这一规定十分痛恨,与白马王曹彪辞别时,愤而写下《赠白马王彪》一诗,表达自己的满腔悲愤之情。此诗很可能与《赠白马王彪》作于同一时期。《赠白马王彪》有

"泛舟越洪涛,怨彼东路长",本诗有"将骋万里涂,东路安足由",都写到"东路",即从洛阳到曹植封地鄄城之路。曹植欲从征孙权,不愿从东路归封地。

　　全诗共十二句,可分为三个部分。前六句为第一部分,直抒征战孙权、献身报国的理想。奔赴疆场,准备已久,只待一声令下。一个"远"字表达了诗人不辞万里的坚强意志。中间四句为第二部分,感叹自己没有出征的决定权。大江南北,淮泗之间,波涛汹涌,腥风血雨,魏吴之争十分激烈,诗人希望瞬间赶到战场,痛惜手无权柄,不能成行,暗含对君王曹丕的责怪。末二句为第三部分,表白心愿,请缨报国,表达了诗人不甘闲居,献身朝廷为国分忧的决心。

　　此诗在表达上恰当地运用了设问与反问,使表达的思想感情更加鲜明和强烈。"远游欲何之?吴国为我仇。"此处是设问句,自问自答,目的是引起读者思考,突出孙权吴国是不共戴天之仇敌。"将骋万里涂,东路安足由?"此处是反问句,明知驰骋万里征讨吴国,不能走东路,故意反问,强调不愿走东路、不愿回封地鄄城的决心。

杂　诗

飞观百余尺，临牖御棂轩。①
远望周千里，朝夕见平原。②
烈士多悲心，小人媮自闲。③
国雠亮不塞，甘心思丧元。④
抚剑西南望，思欲赴太山。⑤
弦急悲声发，聆我慷慨言。⑥

【译注】

①〔飞观(guàn)百余尺，临牖(yǒu)御棂(líng)轩。〕宫阙高耸百余尺，临窗倚在长廊边。飞观，高耸的宫阙。观，宫门前两边的望楼。牖，窗户。御，凭，靠着。棂轩，有窗格的长廊。棂，窗户的格子。

②〔远望周千里，朝夕见平原。〕远望前方遍千里，早晚可

见大平原。周,遍。朝夕,早晚。

③〔烈士多悲心,小人媮(tōu)自闲。〕志士多怀悲壮心,小人苟且图自闲。烈士,有志之士。悲心,为国献身的悲壮之心。媮,同"偷",苟且。

④〔国雠(chóu)亮不塞,甘心思丧元。〕国仇家恨未杜绝,情愿为国抛头颅。雠,同"仇"。亮,确实,诚然。塞,杜绝。丧元,泛指献出生命。元,头颅。

⑤〔抚剑西南望,思欲赴太山。〕按剑远望西南方,立志捐躯归太山。抚剑,按剑。西南,指蜀地,蜀国在魏的西南面。思欲,心想。赴太山,指赴死。古人迷信,认为人死后魂归泰山。太山,即泰山。

⑥〔弦急悲声发,聆(líng)我慷慨言。〕琴声急促发悲音,听我胸中慷慨言。弦急,琴声急促。悲声,誓死报国的悲壮之声。聆,听。慷慨言,激昂慷慨的话,即此诗中的慷慨言辞。

【鉴赏】

建安十九年(214)七月,曹操挥师东征孙权,命曹植守邺城,告诫说:"吾昔为顿邱令,年二十三。思此时所行,无悔于今。今汝年亦二十三矣,可不勉与!"(晋·陈寿《三国志·陈思王植》)曹植牢记父亲的教导,立志报效国家,于曹操东征前夕作《东征赋》,在序里说:"王师东征吴寇,余典禁兵,卫宫省。然神武一举,东夷必克,想见振旅之盛,故作赋一篇。"黄节认为此诗与《东征赋》同时所作,后世学者多从此说。

全诗共十二句,可分为三个部分。前四句为第一部分,写登高所见景观。"飞观百余尺",言视点之高,身在飞观之上,眼前无物可挡,故能看得远。"临牖御棂轩",言视野之阔,临窗环视,两边尽收眼底,故能看得宽。"远望周千里,朝夕见平原",写魏国疆土的辽阔、国力的雄厚,对曹操出征东吴充满必胜信心。这两句也可用来比喻诗人胸怀的宽广、志向的高远。中间六句为第二部分,写甘心赴国忧的壮志。"烈士多悲心,小人媮自闲",拿小人和烈士对比,热情地赞扬热血志士勇于为国捐躯的悲壮之志,轻蔑地评价卑微小人苟且偷生的行径。"国雠亮不塞,甘心思丧元",写国之仇敌尚在不断地挑衅,诗人一心想着报仇雪恨,为达目的不惜抛头颅洒热血。"抚剑西南望,思欲赴太山",写曹操马上就要东征吴国,西南仇敌蜀国决不会息事宁人,一定蠢蠢欲动,诗人按剑虎视着西南方,随时准备为国牺牲,魂归泰山。"思丧元""赴太山"一再表达了诗人报效国家九死不悔的坚定意志。最后两句为第三部分,写诗人一直关注着魏蜀双方的战斗,很想亲身奔赴前线,报效国家。"弦急悲声发",逼真地勾勒出诗人报国无门、壮志难酬的形象。"聆我慷慨言",即中间六句所抒发的悲壮之志。

此诗在表达上采用了古诗传统赋的表现手法,开头直接写登高远眺所见,统摄全诗,然后层层递进,铺陈壮志,抒发情感。诗人胸怀天下、誓死报国、激昂慷慨的志士形象呼之欲出。

赠丁仪^①

初秋凉气发,庭树微销落。^②
凝霜依玉除,清风飘飞阁。^③
朝云不归山,霖雨成川泽。^④
黍稷委畴陇,农夫安所获?^⑤
在贵多忘贱,为恩谁能博?^⑥
狐白足御冬,焉念无衣客?^⑦
思慕延陵子,宝剑非所惜。^⑧
子其宁尔心,亲交义不薄。^⑨

【译注】

①丁仪,汉末三国沛郡(治今安徽濉溪)人,字正礼。少有才名,曹操曾想把女儿嫁给他,因曹丕反对未成。丁仪与其弟丁廙和曹植很亲近,丁仪曾向曹操建言,立曹植为太子,因而遭

到曹丕怨恨。对此,丁仪忧心忡忡,颇感不安。于是,曹植便写了这首诗进行安慰,表明对丁仪的友情。

②[初秋凉气发,庭树微销落。]初秋之时凉气生,庭院之树始凋落。微销落,开始凋谢。

③[凝霜依玉除,清风飘飞阁。]厚霜覆盖玉台阶,清风飘飘进飞阁。凝霜,凝结很厚的霜。依,附。玉除,玉石似的台阶。玉,形容高贵、华美。飞阁,凌空的楼阁。

④[朝云不归山,霖雨成川泽。]朝云滚滚不归山,淫雨霏霏成川泽。霖雨,连天的雨,下了几天的雨。川泽,河川与湖沼。

⑤[黍稷委畴陇,农夫安所获?]五谷枯死在田地,农夫怎么有收获?黍稷,泛指五谷。黍,黍米,一种黏性的稷。稷,黍类作物,粳者古称"稷"。委,同"萎",枯死。畴陇,田地。畴,已经耕过并整治好的田地。陇,田埂。安所,何所。

⑥[在贵多忘贱,为恩谁能博?]身份高贵多忘贱,给予恩惠谁能博?贵,指身份高贵。贱,指地位贫贱的人。为恩,施恩。博,广博。

⑦[狐白足御冬,焉念无衣客?]身着狐裘足御冬,哪里想到无衣客?狐白,狐狸腋下皮毛,其色纯白。用狐白制成的皮衣,美观暖和。《晏子春秋》:"景公之时,雨雪三日而不霁。公被狐白之裘,坐于堂侧陛。晏子入见,立有间,公曰:'怪哉!雨雪三日而天不寒。'晏子对曰:'天不寒乎?'公笑。晏子曰:'婴闻古之贤君饱而知人之饥,温而知人之寒,逸而知人之劳。今君不知

也。'公曰：'善！寡人闻命矣。'"

⑧〔思慕延陵子，宝剑非所惜〕思念追慕延陵子，千金宝剑非所惜。思慕，思念爱慕。延陵子，春秋末期吴王最小的公子季札。《新序·节士》："延陵季子将西聘晋，带宝剑以过徐君。徐君观剑，不言而色欲之。延陵季子为有上国之使，未献也，然其心许之矣。使于晋，顾反，则徐君死于楚……于是季子以剑带徐君墓树即去。徐人嘉而歌之曰：'延陵季子兮不忘故，脱千金之剑兮带丘墓。'"

⑨〔子其宁尔心，亲交义不薄〕季子请您放宽心，亲密朋友义不薄。子、尔，均指丁仪。宁，安静。交，朋友。

【鉴赏】

关于这首诗的写作时间，注家有不同的说法。对于这首诗来说，判定写作时间对准确理解诗句、把握全诗的主旨至关重要。在这首诗里，诗人不仅劝慰好友丁仪，也流露出对最高统治者的怨言。如果诗人父亲曹操在世，曹植不会也不能发出如此怨言。建安二十五年（220），曹操去世，曹丕即王位，旋代汉称帝，改建安二十五年为延康元年。是年，曹丕诛丁仪、丁廙兄弟。由此可以判断，这首诗当作于曹丕即位不久，即公元220年年初。

前八句写初秋的景色。"初秋"四句写近景。虽是初秋，已寒气逼人，庭树凋零，凝霜遍地，清风吹拂。"朝云"四句写远景，浓云密布，霖雨成灾，庄稼枯萎，农夫遭殃。景色的描写，烘托了阴冷、萧索的气氛，为全诗奠定了悲凉的基调。农夫的遭殃，也暗喻风云突变，志士处境困难。前八句景物描写的渲染，表达了诗人对当时政治环境的感受。中间四句诗人抒发了愤愤不平的情绪。为了表达强烈的感情，此处连用了两个反问句，以引起人们的深思。身份尊贵者，多半记不得贫贱的下属，有谁来广施恩惠？他们只顾及自己的享受，哪里会顾及穷人的冷暖？诗人用自己的表白间接地宽慰友人丁仪，得不到当今权贵重用是普遍现象，并不是你丁仪一个人，不要过分地悲伤。最后四句直接写对友人丁仪的安慰。"思慕"二句表达了自己对友人一片赤诚之心。"子其"二句安慰丁仪，自己永远是最可信任的人。全诗在写景的基础上议论和抒情，动之以情，晓之以理，慷慨激昂，浑然一体。

此诗有两处用典。"狐白足御冬，焉念无衣客"句中典故是讲春秋时期齐景公身穿狐白裘衣，雨雪三日而不知天寒，晏子告诉他，古代贤君自己吃饱了知道别人的饥饿，自己穿暖了知道别人受冻，自己安逸知道别人的辛劳，而你不知道。此处引用这一典故，说明身份高贵的人不能不考虑贫贱者的疾苦，婉转地表达了对最高统治者的怨言。"思慕延陵子，宝剑非所惜"二句所用典故是讲春秋时期季札佩宝剑见徐国国君，徐君非常喜欢他的宝剑，想向他要而未说出来。季札由于出使晋国不能不佩宝剑，因而未将宝剑献给徐君。出使晋国回来后，徐君已经死了，于是季札把宝剑挂在徐君的坟上。这个典故说明,诗人仰慕季札的人品,自己会像季札那样,为了满足朋友的心愿,倾其所有。诗人内心的千言万语全在典故之中。恰当地用典,可以丰富诗句的内容,美化诗句,增强诗句的表达效果。

朔 风

仰彼朔风,用怀魏都。①
愿骋代马,倏忽北徂。②
凯风永至,思彼蛮方。③
愿随越鸟,翻飞南翔。④

四气代谢,悬景运周。⑤
别如俯仰,脱若三秋。⑥
昔我初迁,朱华未希。⑦
今我旋止,素雪云飞。⑧

俯降千仞,仰登天阻。⑨
风飘蓬飞,载离寒暑。⑩
千仞易陟,天阻可越。⑪
昔我同袍,今永乖别。⑫

子好芳草,岂忘尔贻?⑬
繁华将茂,秋霜悴之。⑭
君不垂眷,岂云其诚?⑮
秋兰可喻,桂树冬荣。⑯

弦歌荡思,谁与销忧?⑰
临川慕思,何为泛舟?⑱
岂无和乐? 游非我邻。⑲
谁忘泛舟? 愧无榜人。⑳

【译注】

①〔仰彼朔风,用怀魏都。〕面对嗖嗖那北风,因而心中思邺城。仰,向,对。朔风,北风。用,因。怀,思念。魏都,指邺城。

②〔愿骋代马,倏(shū)忽北徂(cú)。〕希望驱驰代郡马,疾速往北奔魏都。骋,奔跑。代马,代郡所产的马,良马。倏忽,指极短的时间。徂,往。

③〔凯风永至,思彼蛮方。〕每当南风徐徐吹,思绪又至那南方。凯风,南风。蛮方,南方。

④〔愿随越鸟,翻飞南翔。〕希望随着越鸟去,振翅飞翔向南方。越鸟,越国所产的鸟。越,在今江浙一带。翻飞,上下飞翔。

⑤〔四气代谢,悬景(yǐng)运周。〕一年四季永更替,日月

运行不停止。四气,四时之气,指四季。代谢,依次更替。悬景,指日月。景,同"影"。运周,周而复始地运行。

⑥〔别如俯仰,脱若三秋。〕分别之时应瞬间,恍若离开已三秋。如,应当。俯仰,低头与抬头,比喻时间短暂。脱若,忽若,恍若。三秋,古指三季,一季三个月,共九个月。三秋,也可理解为秋天的三个月。后来"三秋"多指三年,一年一个秋,三年三个秋。"三"不是确数,"三秋",形容很长的一段时间,不用拘泥究竟多长时间。

⑦〔昔我初迁,朱华未希。〕昔日我刚离去时,荷花尚未现稀疏。迁,迁移。朱华,红花,指荷花。希,稀疏。希,通"稀"。

⑧〔今我旋止,素雪云飞。〕今日回到此地来,白雪飘飘满天飞。旋止,归来。止,句末语气助词。素,白。云,语气助词。

⑨〔俯降千仞(rèn),仰登天阻。〕低首下去落千丈,抬头向上登天险。俯降,低头向下。千仞,形容很深。仞,古代长度单位,周制八尺,汉制七尺。仰登,抬头上走。天阻,天险,指险峻的山岳。

⑩〔风飘蓬飞,载离寒暑。〕风吹蓬草长飘飞,游离不定历寒暑。蓬,蓬草。载,语气助词。离,遭遇。

⑪〔千仞易陟(zhì),天阻可越。〕千丈高山易攀登,崇山峻岭可翻越。陟,登。

⑫〔昔我同袍,今永乖别。〕昔日我那亲兄弟,如今已经相离别。同袍,最亲近的人,此指曹植兄曹彰、弟曹彪。袍,一种过膝的长衣。乖别,分离。

⑬〔子好芳草，岂忘尔贻（yí）？〕你所想要的忠爱，而我怎忘给予你？子、尔，指明帝，即曹丕的儿子曹叡。芳草，比喻忠爱之心。贻，赠送。

⑭〔繁华将茂，秋霜悴（cuì）之。〕满目百花将盛开，秋霜无情来伤害。繁华，犹言"百花"，比喻君子。秋霜，比喻小人。悴，使伤残。

⑮〔君不垂眷（juàn），岂云其诚？〕君王对我不顾念，怎么说我诚不诚？垂眷，关怀，顾念。岂云其诚，犹言我的忠诚之心是不会改变的。岂，怎么。云，说。诚，忠诚。

⑯〔秋兰可喻，桂树冬荣。〕犹如秋兰永芳香，桂树冬日不改荣。这两句是说，自己对君王的忠诚，可以用兰桂作比。荣，繁茂。

⑰〔弦歌荡思，谁与销忧？〕奏乐歌唱荡悲思，谁能与共消忧愁？弦歌，弹琴唱歌。销忧，消除忧愁。

⑱〔临川慕思，何为泛舟？〕日暮临川而苦想，何人与我共泛舟？临川，来到河边。临，靠近，来到。川，河流。慕，一作"暮"。何，何人。泛舟，乘船游玩。

⑲〔岂无和乐（yuè）？游非我邻。〕怎么没有弦歌声？同游非我志同人。和乐，和谐的音乐，此指弦歌。邻，邻居，此指志同道合的人。

⑳〔谁忘泛舟？愧无榜人。〕有谁忘记同泛舟？遗憾没有划船人。愧，惭愧。榜人，舟子，船夫。

【鉴赏】

朱绪曾《曹集考异》卷五《朔风诗》中"昔我初迁,朱华未希。今我旋止,素雪云飞"注:"本传:'太和元年'徙封浚仪。二年,复还雍丘,'迁'谓自雍丘徙浚仪。'还'谓自浚仪还雍丘。"由此可知,曹植在魏明帝太和元年(227)徙封浚仪(治今河南开封),太和二年(228)又回到雍丘(今河南杞县)。此诗是曹植回到雍丘时作。曹植自幼饱读诗书,壮志凌云,决心为国家干一番轰轰烈烈的大事业。曹操在世时,曹植备受宠爱,差一点被立为太子。曹操去世后,曹植的地位一落千丈。曹丕即位后,对曹植等有猜忌之心,将他和其他兄弟分封到藩地,并限制他们回京师。曹丕去世后,其子曹叡即位,曹植仍旧得不到重用。这首诗就是写诗人屡屡不得志的怨愤的心情。

前人将全诗分为五章,每章八句。第一章写心系魏都和吴地。诗人由浚仪回到雍丘,一日朔风嗖嗖,遥望故都邺城,勾起美好的回忆。在那里,诗人度过了幸福浪漫的少年时代。那时有父王的呵护,自己如天马行空,无拘无束,经常在西园吟诗作赋,指点山河,畅谈自己的鸿鹄之志。可叹那样的美好时光一去不复返了。父王葬在邺城,诗人多么想回到那里,在父王的坟前诉说自己的苦衷!每想到此,诗人恨不得立即骑上代郡产的快马,一下子飞到魏都。每当南风徐徐,诗人的心又跟随南去的越鸟,一路翱翔,飞到遥远的吴地。自己自幼立下壮志,继承父王的大志,荡平东吴、西蜀,完成国家统一的大业。如果君王命令自己去东吴作战,一定奋勇前往,不辱使命。这一章有回忆,有想象,思绪如波涛般汹涌奔腾。

第二章写痛惜时光飞逝,闲居无所作为。一个闲居无所事事的人,不仅清风拂面引起遐思,日出日落同样引起冥想。诗人上一年离开雍丘时荷花正在盛开,现在回到故地时白雪飘飞,虽然时隔一年,却感到浪费的时光太多太多。久有凌云志,如今已中年,自己尚一事无成,对诗人来说,没有比这更令人遗憾的了。

第三章写思念同袍亲人。和曹植最亲密的同袍有两人:一个是兄长曹彰,已去世多年;一个是其弟曹彪,分别已久。曹彰臂力过人,不善文章,自幼立志为将。他战功卓著,曾受封为北中郎将;黄初三年(222),被封为任城王;黄初四年(223)进京朝觐,暴死于府邸中。曹彪同曹植命运相似,受封在外,一直远离京城,到处漂泊。曹彪七年前被封为汝阳公,六年前又受封为弋阳王,同年又徙封为吴王,四年前又改封寿春,两年前又徙封到白马。"俯降"二句一下一上,写同袍辗转之苦。"风飘"二句,一寒一暑,写同袍辗转之久。"千仞"四句言山之高险尚可攀登翻越,同袍手足之情怎么受阻而不能相见。

第四章倾诉自己的忠诚之心不为明帝理解。自己虽然曾经差一点被立为太子,兄长曹丕即位后,一直对自己有猜忌之心,但自己始终能摆正位置,坚守为臣的本分。兄长去世后,侄儿即位,自己不改初心,一直忠爱君王。自己虽然已迈入中年,但决心为朝廷干一番事业,请君王千万不要听信小人的离间。即使君王对我没有顾念之心,自己对君王的忠诚之心也绝不会改变。字字肺腑之言,感人至深。

第五章倾诉自己孤独忧伤。"弦歌"二句写不是没有琴声、歌声,而是没有人能一道欣赏。"临川"二句写不是没有泛舟的条件,而是缺少一起泛舟的人。"岂无"二句对"弦歌"二句进一步探究,不是没有奏乐、唱歌的人,而是这些人都不是趣味一致的人。"谁忘"二句深挖"临川"二句,不是没有同游的人,而是这些人都不是志同道合者。一连用了两个反问句和两个设问句,淋漓尽致地表达了孤独无援的忧伤。

诗篇描绘了诗人特定心境中情绪意识的流动过程。由朔风拂面,一石击起千层浪,想起了魏都,打开了意识流动的闸门,由魏都想到了还在敌人手里的吴地,又由吴地想到了现实中自己近年的上下颠簸,又由自身处境想到兄弟,又由众兄弟的命运想到决定大家命运的君王,最终又回到孤独无助的本人处境。全篇往返回复,起伏跌宕,倾诉写不尽的怨愤、忧伤、孤独和失望。

野田黄雀行^①

高树多悲风,海水扬其波。^②

利剑不在掌,结友何须多?^③

不见篱间雀,见鹞自投罗?^④

罗家得雀喜,少年见雀悲。^⑤

拔剑捎罗网,黄雀得飞飞。^⑥

飞飞摩苍天,来下谢少年。^⑦

【译注】

①此为曹植自命新题之作,《乐府诗集》收于《相和歌辞·瑟调曲》。行,古诗里的一种体裁,如"长歌行"。

②〔高树多悲风,海水扬其波。〕高树经常生狂风,海水容易掀怒波。悲风,劲疾的风。扬,掀起。

③〔利剑不在掌,结友何须多?〕锋利之剑不在手,结交朋

友何须多？利剑，锋利的剑。此处比喻权力。掌，手。结友，结交朋友。友，一作"交"。

④〔不见篱(lí)间雀，见鹞(yào)自投罗？〕不见篱间黄雀飞，看见鹞子自投罗？篱，篱笆，由芦苇、竹子、木棍等构成。雀，黄雀，鸟类的一种，体形较小。鹞，即鹞子，一种猛禽，似鹰而较小。罗，网。

⑤〔罗家得雀喜，少年见雀悲。〕捕鸟之人得雀喜，少年见雀心生悲。罗家，设置罗网的人。少年，指准备救援黄雀的人。

⑥〔拔剑捎(shāo)罗网，黄雀得飞飞。〕拔剑挑破那罗网，黄雀得以轻捷飞。捎，斩除。飞飞，形容飞状轻捷。

⑦〔飞飞摩苍天，来下谢少年。〕高飞直逼那苍天，返转下来谢少年。摩，接触，接近。

【鉴赏】

建安二十二年(217)，曹操立五官中郎将曹丕为魏太子。而在此之前，曹操对曹植十分宠爱，曹植"几为太子者数矣"(晋·陈寿《三国志·陈思王植》)。曹植受曹操宠爱时，丁仪、丁廙、杨修为之羽翼。曹操去世后，"文帝即王位，诛丁仪、丁廙并其男口"(晋·陈寿《三国志·陈思王植》)。这首诗就是为丁仪、丁廙兄弟而写。黄节在《曹子建诗注》里说："植为此篇，当在收仪付狱之前，深望尚之能救仪，如少年之救雀也。"诗人希望丁仪兄弟能理解自己的处境，并安慰他们一定有"少年"

见义勇为,竭尽全力解救他们。

　　"高树多悲风,海水扬其波"两句起兴。树高招风,水深扬波,"悲"字和"扬"字突出了风大波涌。这两句写出了天气和环境的恶劣,兴中有比,暗示由于社会形势的变化,政治气候对自己的亲信和朋友十分不利,导致丁仪等好友受委屈。诗人不仅对好友的受难抱以深深的同情,而且对自己无法向好友伸出援助之手十分不满,一肚子牢骚,因此发出"利剑不在掌,结友何须多"的怨言。自己虽然贵为王侯,但由于手中没有实权,眼睁睁看着朋友有难爱莫能助,要这么多朋友干什么? 还不如朋友少一些,免得朋友受难,自己干着急。诗人是一个重感情爱交友的文人,他的朋友很多,之所以发出这样的怨言,完全是由于他内心的矛盾、焦虑、不满使然。以上四句是诗的第一部分,写对友人爱莫能助的怨愤心情。

　　诗人虽然对丁仪兄弟受难自己不能解救充满怨愤之情,但还是知道自己的身份和处境,必须恪守为臣之道,不能直白地表明自己的心声,于是用诗的语言向友人讲述少年救黄雀的寓言故事。"不见篱间雀,见鹞自投罗?"篱笆间跳飞的小黄雀,是可爱的弱小的生命,本是自由自在地活着,因为凶恶的猛禽鹞子的逐赶而投入罗网。两句暗示自己的友人丁仪、丁廙本是文弱的人士,不是本人有错而获罪,而是受坏人诬陷而蒙受牢狱之灾。这里用了反问句,强调其罪完全是莫须有,诗人对丁仪兄弟被陷害入狱十分愤慨。不同的人,由于立场不同,对这件事必然有不同的看法。接下来的诗句"罗家得雀喜,少年见雀悲",设置罗网的人,也就是捉拿诗人好友的权贵,因除了心头的"隐患"而十分高兴;诗中的"少年",也就是诗人想象的有正义感的人,对友人蒙冤感同身受而十分悲哀。这"少年",既是诗人自己的化身,也是他寄托希望的手中有权力的人士。诗人希望这样的人士挺身而出救出水火中的丁仪兄弟。于是诗人吟道:"拔剑捎罗网,黄雀得飞飞。"诗章波澜起伏,由忧转喜,描绘出黄雀转危为安的动人的画面。"拔剑捎罗网",这位有正义感的人,何等是非分明!何等英武!"黄雀得飞飞",被救出的友人,何等庆幸!何等喜悦!黄雀虽然弱小,但灵魂高尚,不会获得自由一飞了之。于是诗人以"飞飞摩苍天,来下谢少年"收笔。上句写出友人欣喜若狂、追求自由的神态,下句写出友人明辨事理、知恩图报的品德。以上诗句为第二部分,用少年救黄雀的寓言向友人表达自己的心愿。

在诗歌创作方面,曹植是运用比喻的大师。这首诗就是运用比喻的杰作,用悲风比喻恶劣的社会环境,利剑比喻权力,罗家比喻权贵,黄雀比喻落难的友人,少年比喻见义勇为的人士,几乎通篇都是比喻,情节栩栩如生、出神入化。运用比喻,可以把不便说出或很难说出的话含蓄、委婉地表达出来。比喻形象、生动,能丰富读者的想象力,感染读者,增强语言的表达效果。

盘石篇①

盘石山巅石,飘飖涧底蓬。②

我本泰山人,何为客淮东?③

蒹葭弥斥土,林木无芬重。④

岸岩若崩缺,湖水何汹汹!⑤

蚌蛤被滨涯,光彩如锦虹。⑥

高波凌云霄,浮气象螭龙。⑦

鲸脊若丘陵,须若山上松。⑧

呼吸吞船橺,澎濞戏中鸿。⑨

方舟寻高价,珍宝丽以通。⑩

一举必千里,乘飔举帆幢。⑪

经危履险阻,未知命所钟。⑫

常恐沈黄垆,下与鼋鳖同。⑬

南极苍梧野,游盼穷九江。⑭

中夜指参辰,欲师当定从。⑮

仰天长太息,思想怀故邦。⑯

乘桴何所志? 吁嗟我孔公!⑰

【译注】

①本篇《乐府诗集》收于《杂曲歌辞》。曹植以篇首二字自创乐府新诗题。

②〔盘石山巅石,飘飖涧底蓬。〕山顶盘盘大石头,山沟飘飘是飞蓬。盘石,巨大的石头。飘飖,一作"飘飘"。

③〔我本泰山人,何为客淮东?〕我身本是泰山人,为何客居在淮东? 泰山人,指自己不是一般人。泰山是五岳之首,不是一般的山。诗人为强调自己的身份,故自称"泰山人"。客淮东,指黄初四年(223),曹植徙封雍丘。客,客居。淮东,一作"海东",即魏国东面边远地带,泛指土地贫瘠之地。言此次徙封实属不受重用。

④〔蒹葭(jiān jiā)弥斥土,林木无芬重。〕芦苇盖满盐碱地,林木生长不茂盛。蒹葭,泛指芦苇。蒹,荻,形状像芦苇的多年生草本植物。葭,芦苇。弥,遍,满。斥土,盐碱地。芬重,盛多貌。芬,一作"分"。

⑤〔岸岩若崩缺,湖水何汹汹!〕岸岩损坏如器破,湖水拍岸多汹猛! 崩缺,器皿崩损。汹汹,形容水势凶猛的样子。

⑥〔蚌蛤(bàng gé)被滨涯,光彩如锦虹。〕蚌蛤布满湖水边,光彩夺目如锦虹。蚌蛤,软体动物蚌与蛤,长者称"蚌",圆

者称“蛤”。被，覆盖。滨涯，水边。锦虹，锦绣和彩虹。

⑦〔高波凌云霄，浮气象螭(chī)龙。〕波浪高卷冲云霄，浮气翻滚如螭龙。象，形象。螭龙，泛指龙。螭，传说中无角的龙。

⑧〔鲸脊若丘陵，须若山上松。〕鲸鱼脊背如丘陵，胡须好像山上松。曹操《四时食制》：“东海有大鱼如山，长五六里，谓之鲸鲵，次有如屋者。时死岸上，膏流九顷。其须长一丈，广三尺，厚六寸……”

⑨〔呼吸吞船欐(lì)，澎濞(bì)戏中(zhòng)鸿。〕呼吸能够吞舟船，巨浪飞舞击飞鸿。船欐，泛指船只。欐，小船。澎濞，形容波浪撞击貌。戏中，飞舞击中。

⑩〔方舟寻高价，珍宝丽以通。〕方舟海上寻珍宝，装载珍宝而流通。方舟，两船并在一起。高价，高价之物，指珍宝。丽，附着。通，流通。

⑪〔一举必千里，乘飔(sī)举帆幢(chuáng)。〕一举出行必千里，乘着疾风升船帆。飔，疾风。帆幢，二字连用泛指船帆。幢，旗帜。

⑫〔经危履险阻，未知命所钟。〕经历危难踏险阻，不知命运之走向。钟，汇聚，指命运最终指向。

⑬〔常恐沈(chén)黄垆(lú)，下与鼋(yuán)鳖同。〕时常恐惧入黄泉，下与鼋鳖命运同。沈，同“沉”。黄垆，地下，犹指黄泉。鼋，鳖科动物，背青黄色，头部有疙瘩，俗称“癞头鼋”。

⑭〔南极苍梧野，游盼穷九江。〕南去远达苍梧野，游目尽

观九江水。苍梧，山名，又名九嶷，地在今湖南宁远县境。传说舜葬于苍梧之野。九江，此指九嶷山附近流入洞庭湖的河流。

⑮〔中夜指参(shēn)辰，欲师当定从。〕夜间航行看参辰，参照二星定方向。中夜，夜间。参辰，指参星和商星，参星在西，商星在东，可依据二星辨别方向。欲师，以此为师，即以此为参照物。定从，决定去向。

⑯〔仰天长太息，思想怀故邦。〕仰望天空长叹息，心思重重怀故邦。太息，长声叹息。故邦，故园。

⑰〔乘桴(fú)何所志？吁嗟我孔公！〕乘桴远行何所求？叹息孔子道不行！《论语·公冶长》："子曰：道不行，乘桴浮于海。"桴，用竹木编成的舟，大的称"筏"，小的称"桴"。志，志向，此处作动词用，意寻求。孔公，孔子。

【鉴赏】

曹操去世后，曹丕代汉称帝。于是封建王侯，皆使封地。王侯徒有其名而无其实，皆思为布衣而不能。黄初元年(220)，曹植就国临淄。黄初二年(221)，曹植被贬为安乡侯，后又被改封鄄城。黄初四年(223)，曹植徙封雍丘王。此诗大约作于曹植徙封雍丘之后，抒发诗人怀念故邦不愿苟且于封地的愤懑和忧伤之情。

关于开篇四句，清初陈祚明说："起四句，一篇之意已出，后乃极力写之。"(《采菽堂古诗选》卷六)也就是说，这四句是全诗意旨的总写。"盘石"二句兴中有比。曹操在世时,曹植十分得宠,差一点被立为太子,那时地位与分量完全可以盘石作比。此时被封在外地,而且一再迁徙,将自己比作飞蓬是再恰当不过了。今昔对比,天壤之别,诗人充满愤懑和忧伤。

诗人为什么会充满愤懑和忧伤,得从封地说起。"蒹葭"以下八句写封地雍丘的实景。这是一块十分荒凉的盐碱地,林木稀稀拉拉,没有一点生气。湖岸崩塌如器缺,湖水日夜汹涌奔腾。只有湖滨蚌蛤,在日光的照耀下,光彩如锦绣虹霓。然而湖水浊浪排空,浮气升腾,犹如蛟龙翻滚。诗人写了林木、湖水、蚌蛤、怒波,对景物虽有些许欣赏(蚌蛤"光彩如锦虹"),但主调是阴森、险恶,表达了诗人被弃封地的糟糕心情。

曹植是一位充满浪漫情调的诗人,他的思绪没有停留在雍丘大地的实景上,很快让幻想占满了脑际。"鲸脊若丘陵"以下十六句写神游所见所感。游沧海首先见到的是鲸鱼,脊若丘陵,须若松树,呼吸能吞没船只,呼气激起的浪花能击中空中的飞鸿。诗人由沉闷的封地来到了壮阔的海洋,乘坐方舟,到处寻找奇珍异宝,装满珍宝的大船在海上乘风破浪,一举千里。然而诗人在兴奋中仍惊魂未定,还是担心一不注意沉入海底,命运与鼋鳖为伍。诗人游完了沧海接着游苍梧。诗人如同雄鹰在九嶷的天空翱翔,尽观流入洞庭湖的众多的河流。幸亏有参、商二星在空中指引,整个游程都方向明确、有条不紊。神游沧海和苍梧的诗句表明,诗人虽然被禁锢在封地,但他报国之志并没有湮灭,对未来仍充满幻想,热爱大好河山,希望有朝一日能被朝廷重用,为国家寻找奇珍异宝,为曹氏社稷贡献自己的力量。愤懑中有祈求,忧伤中有希望。

最后"仰天长太息"四句直抒胸臆。诗人虽然被囚禁在封地,但胸怀社稷的中心邺城和洛阳,感叹孔子"道不行,乘桴浮于海",表明自己上下求索,永远追求理想。

这首诗在表达上除了运用传统的兴、比、赋手法,还运用夸张的手法。写沧海的波涛:"高波凌云霄,浮气象螭龙。"气势壮阔恢宏。写鲸鱼形态:"鲸脊若丘陵,须若山上松。"身躯庞大奇特。写鲸鱼的呼吸:"呼吸吞船欐,澎濞戏中鸿。"能量巨大无比。诗人把读者带入了一个奇异的世界,感官受到冲击,情绪受到感染。诗篇夸张笔法的运用,彰显了诗人浪漫的气质。

升天行①

乘蹻追术士,远之蓬莱山。②
灵液飞素波,兰桂上参天。③
玄豹游其下,翔鹍戏其巅。④
乘风忽登举,仿佛见众仙。⑤

【译注】

①曹植《升天行》有两首,《乐府诗集》收于《杂曲歌辞》。

②〔乘蹻(juē)追术士,远之蓬莱(lái)山。〕穿上飞鞋追术士,远去直奔蓬莱山。乘蹻,腾空周游天下的仙术。蹻,通"屩",用麻草做的鞋。此指穿上后能飞行的神鞋。术士,方术之士,古代自称能访仙炼丹可求长生不老的人。之,往。蓬莱山,神话传说中的神山名。

③〔灵液飞素波,兰桂上参天。〕神水汹涌飞白浪,兰桂矗

立上参天。灵液,神水。素波,白浪。

④〔玄豹游其下,翔鹍(kūn)戏其巅。〕黑豹游走在山下,鹍鸡戏飞在山巅。玄豹,黑色的豹,神话里的野兽。鹍,鹍鸡,鸟名,似鹤,黄白色。

⑤〔乘风忽登举,仿佛见众仙。〕乘风转眼登上山,仿佛看见众神仙。忽,倏忽,一转眼,很快地。登举,往上升。

【鉴赏】

《升天行》二首系游仙诗,大约作于黄初以后。曹植并不相信神仙之说。他在《辨道论》中说:"岂复欲观神仙于瀛洲,求安期于边海,释金辂而顾云舆,弃六骥而求飞龙哉!自家王与太子及余兄弟,咸以为调笑,不信之矣。"曹植说,云瀛洲拜仙,到海边寻安求生,放弃帝王之车而思念仙人之乘,舍弃六骥而求飞龙,从曹操与太子到众兄弟都认为是谈笑的资料,绝不相信这类事。曹植在《赠白马王彪(其七)》里也明确说:"苦辛何虑思?天命信可疑。虚无求列仙,松子久吾欺。"曹植不相信神仙之说,为什么还要写游仙诗呢?曹操去世以后,曹丕继承王位,不久代汉称帝。曹植由于自己的特殊身份,被封在外地,并一再改封,一直远离京城,远离皇权中心,身世如飞蓬飘忽不定。曹植在政治上是一个有远大抱负的人,立志讨伐吴、蜀,为国家的统一事业作出贡献。而在当时的形势下,曹植寸步难行,不能有任何作为,整天精神上极度痛苦。此时,曹植必然要寻找情绪宣泄的出口。以游仙为题材进行创作就是庄子、屈原以及汉代一些文人释放情绪的出口之一。于是曹植情不自禁地写起游仙诗。在游仙诗中,诗人获得极度自由,看到现实生活中看不到的风景,能做现实中不能做的事,精神上获得从来没有的快乐。曹植的游仙诗,除了《升天行》二首,还有《仙人篇》《游仙》《五游咏》《远游篇》等。

此篇写幻想里的蓬莱山。在仙山中,蓬莱最有名。古代方士传说,此山为仙人所居。《山海经·海内北经》:"蓬莱山在海中。"《史记·封禅书》:"自威、宣、燕昭使人入海求蓬莱、方丈、瀛洲。此三神山者,其传在勃海中。"首二句"乘蹻追术士,远之蓬莱山",写诗人飞到蓬莱山。蓬莱路途遥远,必须穿神鞋"蹻"方可到达;蓬莱乃仙境,必须有术士引路方可找到。"灵液"四句写蓬莱的风景。这是一个神奇的仙境,满山白色的神水飞溅,高大的兰树、桂树直指云天,山下黑色的神豹自由地行走,山顶鹍鸡在飞翔戏逐。诗末"乘风"二句写诗人登山见众仙。本是凡人,倏忽登山,可见有神助;众仙本是传说中的神,凡人能见,真是三生有幸! 全诗共八句四十个字,短小精悍,流畅活泼,写出了仙境的奇景、圣洁,表达了诗人兴奋、愉悦的心情。

升天行

扶桑之所出，乃在朝阳溪。①
中心陵苍昊，布叶盖天涯。②
日出登东干，既夕没西枝。③
愿得纤阳辔，回日使东驰。④

【译注】

①〔扶桑之所出，乃在朝阳溪。〕神木扶桑所出处，就在日出旸谷地。扶桑，神木名，传说日出其下。朝阳溪，疑即为"旸谷"，古代传说中太阳升起的地方。《淮南子·天文训》："日出于旸谷，浴于咸池。"

②〔中心陵苍昊(hào)，布叶盖天涯。〕树干高耸升苍天，树叶满布盖天边。中心，指树干。陵，升。苍昊，苍天。布叶，布满叶片。天涯，在天的边缘处。

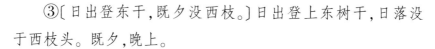

③〔日出登东干，既夕没西枝。〕日出登上东树干，日落没于西枝头。既夕，晚上。

④〔愿得纡（yū）阳辔（pèi），回日使东驰。〕希望得到回日车，载着太阳向东驰。纡，回。阳辔，指日车。辔，驾驭牲口的缰绳。神话传说羲和驾着六条龙拉的车运送太阳。

【鉴赏】

曹植被禁锢在封地，政治上不能有任何作为，精神陷入极度痛苦和彷徨中，于是写游仙诗来寻找寄托。诗人穿上飞鞋在术士的带领下风驰电掣来到了蓬莱仙地，见到了向往已久的众仙，精神上充满愉悦。然而，平静下来后，他难免又陷入痛苦和焦虑中。此时诗人已三十岁左右，在古代寿命不太长的人生中，可谓人到中年，顿时感到功业无成的巨大压力。诗人多么希望日月能停止运行，光阴不再如梭向前，甚至奢望日月能够逆行，美妙的青春能够失而复得，于是幻想来到扶桑树下，驾着羲和的神车，载着太阳由西向东飞奔。

诗篇前两句写扶桑所在位置。这株神木就长在太阳升起的地方，传说中的朝阳溪，亦即旸谷的仙地。中间四句写扶桑的高大。"中心"二句直接写树的高大。"中心陵苍昊"，极言其高；"布叶盖天涯"，极言其大。"日出"二句间接写树的高大，参照物是太阳。早上，太阳从东面的树干上升起；晚上，太阳落入西面的枝头。末二句写诗人幻想载日东驰。谁说光阴一去不回？光阴是由太阳运行决定的,如果太阳不是东出西落,而是西出东落,逝去的时间不就寻找回来了吗？于是诗人从羲和那里借来了神车,载着太阳一路向东方飞驰。

这首诗想象极为丰富。写神木扶桑,不仅能从正面展开想象,极力形容其高大无比,而且能从侧面通过太阳日行可跨苍穹而仍未出扶桑枝头,间接烘托扶桑的高大。特别是诗末"回日使东驰",企图让时间倒流,从而寻回失去的宝贵青春,有机会干一番轰轰烈烈的功业,其想象力超越了那个时代的大部分文人。

七步诗①

煮豆持作羹，漉豉以为汁。②

萁在釜下然，豆在釜中泣。③

本是同根生，相煎何太急？④

【译注】

①此诗最早见于南朝宋刘义庆撰写的《世说新语》。书中说魏文帝曹丕命令曹植在行走七步的时间内作一首诗，如果不成将"行大法"。曹植应声咏出这首诗。后来在传世中调整为四句："煮豆燃豆萁，豆在釜中泣。本是同根生，相煎何太急？"《世说新语》所讲的故事虽然近乎传说，真伪很难判定，但诗意与曹植后期的处境与心态十分吻合，诗系曹植所作应该问题不大。

②〔煮豆持作羹（gēng），漉（lù）豉（chǐ）以为汁。〕煮豆用

来做豆羹,过滤豆豉而为汁。持作羹,一作"燃豆萁"。持,用来。羹,美味的汤。漉,过滤。豉,豆豉,用豆子制作的食品,此指将豆子泡水后磨成的糊状物。

③〔其在釜下然,豆在釜中泣。〕豆秸燃烧在锅下,锅中豆子在哭泣。萁,豆子的秸秆。在,一作"向"。釜,古代的炊具,相当于现在的锅。然,通"燃"。

④〔本是同根生,相煎何太急?〕本来同是一根生,相煎为何十分急?是,一作"自"。煎,煎熬,长时间煮。何,为什么。急,剧烈。

【鉴赏】

客观地说,历代王朝权力更迭都充满杀戮,曹操去世后权力传承相对比较温和顺利。当时的政权背景并不稳定,曹操生前虽然是实际的最高统治者,但名义上还只是丞相、魏王,朝廷反对他的势力一直存在,曹操受到各方面的制衡。曹操曾几度想立曹植为魏太子,因此一些有影响的人聚集在曹植周围。这些人在文学上是曹植的朋友,在政治上是曹植的谋士。对此,曹操在世时就不放心,杀了直言不讳支持曹植的杨修。权力能否平稳过渡,曹丕和曹植都是关键人物。曹操去世时,曹丕在邺城,魏军骚动。曹操的另一个儿子,手握重军的曹彰从长安赶到京城洛阳,极力支持曹植为魏王。曹植坚决不同意。曹丕继承了王位,旋代汉称帝,对权力的威胁者的主要对策只是杀了几个支持曹植的人,把曹植等兄弟分封到外地,限制他们回到洛阳。从曹丕的角度考虑,对曹植等有猜忌之心并不难理解。曹氏兄弟有时候关系十分紧张。黄初二年(221),有人揭发曹植酒醉十分傲慢,威胁逼迫朝廷使者,官吏请曹丕治曹植的罪,曹丕考虑到母亲不会同意,未予重罚,贬曹植为安乡侯,当年又改封其为鄄城侯。《七步诗》可能作于此次贬爵之后。

此诗前两句是写豆子加工为羹的第一道程序,即把经水泡过的豆子磨碎后再过滤出豆渣,留下豆汁待煮。这两句为下面情节展开提供了条件。中间两句写豆子加工为羹的第二道程序,即将豆汁放在锅里煮。这两句都是比喻,是诗的主体部分。萁,即豆秸,比喻整治兄弟的人;豆,比喻被整治的兄弟。该比喻形象生动,趣味盎然。最后两句是主旨所在,指控迫害兄弟的人。比喻通俗易懂,是非一目了然。清人陈祚明评价说:"窘急中至性语,自然流出。繁简二本并佳。多二语,便觉淋漓似乐府;少二语,简切似古诗。"(《采菽堂古诗选》卷六)

这首诗之所以广为流传,重在它的教育意义。人间亲情最为宝贵。亲情中父母有养育之恩,兄弟姐妹有手足之情。尊敬兄长、爱护弟弟是中国传统道德大厦的支柱之一。兄弟关系,在社会生活和文艺作品中,既有耳熟能详的正面典型,也不乏人人唾弃的反面典型。《七步诗》符合中国人的道德追求,在情感上使许多人产生共鸣,因而受到广大读者的喜爱,成为古今传诵的名篇。

赠白马王彪^① 有序

黄初四年五月,白马王、任城王与余俱朝京师,会节气。^②到洛阳,任城王薨。^③至七月,与白马王还国。^④后有司以二王归藩,道路宜异宿止,意毒恨之。^⑤盖以大别在数日,是用自剖,与王辞焉,愤而成篇。^⑥

谒帝承明庐,逝将归旧疆。^⑦
清晨发皇邑,日夕过首阳。^⑧
伊洛广且深,欲济川无梁。^⑨
泛舟越洪涛,怨彼东路长。^⑩
顾瞻恋城阙,引领情内伤。^⑪

太谷何寥廓,山树郁苍苍。^⑫
霖雨泥我涂,流潦浩纵横。^⑬
中逵绝无轨,改辙登高冈。^⑭

修坂造云日，我马玄以黄。⑮

玄黄犹能进，我思郁以纡。⑯
郁纡将何念？亲爱在离居。⑰
本图相与偕，中更不克俱。⑱
鸱枭鸣衡轭，豺狼当路衢。⑲
苍蝇间白黑，谗巧令亲疏。⑳
欲还绝无蹊，揽辔止踟蹰。㉑

踟蹰亦何留？相思无终极。㉒
秋风发微凉，寒蝉鸣我侧。㉓
原野何萧条，白日忽西匿。㉔
归鸟赴乔林，翩翩厉羽翼。㉕
孤兽走索群，衔草不遑食。㉖
感物伤我怀，抚心长太息。㉗

太息将何为？天命与我违。㉘
奈何念同生，一往形不归。㉙
孤魂翔故域，灵柩寄京师。㉚
存者忽复过，亡殁身自衰。㉛
人生处一世，去若朝露晞。㉜
年在桑榆间，景响不能追。㉝
自顾非金石，咄唶令心悲。㉞

心悲动我神,弃置莫复陈。㉟
丈夫志四海,万里犹比邻。㊱
恩爱苟不亏,在远分日亲。㊲
何必同衾帱,然后展殷勤。㊳
忧思成疾疢,无乃儿女仁。㊴
仓卒骨肉情,能不怀苦辛?㊵

苦辛何虑思? 天命信可疑。㊶
虚无求列仙,松子久吾欺。㊷
变故在斯须,百年谁能持?㊸
离别永无会,执手将何时?㊹
王其爱玉体,俱享黄发期。㊺
收泪即长路,援笔从此辞。㊻

【译注】

①白马王彪,即曹彪,字朱虎,曹植异母弟。黄初三年 (222)封弋阳王,同年徙封吴王,不久徙封白马王。白马,在今 河南滑县东。此诗最早见于《三国志·陈思王植》注引《魏氏 春秋》,序文最早见于《文选》。

②〔黄初四年五月,白马王、任城王与余俱朝京师,会节 气。〕黄初四年五月,白马王、任城王和我一同到京城朝拜天子, 迎奉节气。任城王,即曹彰,字子文,曹植胞兄,封任城王。任

城,在今山东济宁。京师,京城,此指洛阳。会节气,参加迎节气的典礼。魏时,每逢立春、立夏、立秋、立冬四个节气,朝廷举行迎奉节气的典礼活动,分封在外的王侯要在节气的十八天前赶到京城。这一年六月二十四日立秋,故曹植兄弟五月赶到。

③〔到洛阳,任城王薨(hōng)。〕到了洛阳,任城王暴毙。薨,君主时代称诸侯或有爵位的人死。

④〔至七月,与白马王还国。〕到七月,我与白马王回到封地。国,封地。

⑤〔后有司以二王归藩(fān),道路宜异宿止,意毒恨之。〕后来有司因我和白马王回封地之故,使我二人在归途上住宿起居相分隔,令我心里感到非常痛恨。有司,指主管某部门的官吏,泛指官吏。此指监督诸侯的监国使者灌均。藩,封地。宜,应该。异宿止,住宿起居分开。异,不同。毒恨,痛恨。白马和鄄城都在兖州,曹彪和曹植回封地,本可以同一段路。

⑥〔盖以大别在数日,是用自剖,与王辞焉,愤而成篇。〕因长别就在数日之内,所以把内心话表白出来,与白马王告别,愤而写出此篇。盖,句首语气助词。大别,长别。魏时,藩国王侯之间不得互相往来,二王分别后很难再见,故用"大别"。自剖,自己表白心意。辞,告别。

⑦〔谒(yè)帝承明庐,逝将归旧疆。〕谒帝住在承明庐,将要回到原封地。谒帝,觐见皇帝。承明庐,朝臣的住所。曹丕在建始殿召见群臣,殿门曰"承明",故名。逝,发语词。旧疆,指曹植的封地鄄城。

⑧〔清晨发皇邑,日夕过首阳。〕清晨出发洛阳城,傍晚时分过首阳。发,出发。皇邑,皇城,此指洛阳。日夕,接近黄昏的时候。首阳,山名,在洛阳东北,去城二十里,地势高,日出先照,故名"首阳"。

⑨〔伊洛(yī luò)广且深,欲济川无梁。〕伊水、洛水宽又深,欲渡二水无桥梁。伊洛,二水名。伊水,即伊河,黄河支流洛河的支流之一,源于熊耳山南麓。洛水,即洛河,发源于陕西冢岭山,至河南巩义市入黄河。济,渡。梁,桥梁。

⑩〔泛舟越洪涛,怨彼东路长。〕乘船越过大波涛,怨恨回归东路长。泛舟,乘舟。洪涛,汹涌的波涛。怨,怨恨。东路,指洛阳到鄄城之路。

⑪〔顾瞻恋城阙,引领情内伤。〕回看眷恋洛阳城,伸颈远眺很感伤。顾瞻,回头看。城阙,城门两边的望楼,此指洛阳城。引领,伸直脖子远望。情内伤,情志内伤,情绪过元对身体内部的伤害,此指很伤感。

⑫〔太谷何寥廓(liáo kuò),山树郁苍苍。〕太谷高远多空旷,山中树木郁苍苍。太谷,山谷名,在洛阳东南五十里处,亦称"通谷"。寥廓,高远空旷。

⑬〔霖雨泥我涂,流潦(lǎo)浩纵横。〕久雨使我路泥泞,雨水聚积到处流。霖雨,连下三天以上的雨。泥,作动词用,使路泥泞。涂,通"途",道路。流潦,流积的雨水。潦,积水。浩纵横,形容水大乱流。

⑭〔中逵(kuí)绝无轨,改辙登高冈。〕中逵水淹无车迹,改

变道路登高冈。中逵，诸道路交叉之处。轨，车迹。改辙，改变行车路线。辙，车轮压出的痕迹。

⑮〔修坂造云日，我马玄以黄〕长坡向上至云日，我马登坡累成疾。修坂，长长的山坡。坂，山坡，斜坡。造云日，形容山坡很高，直至云日。造，至。玄以黄，指马疲劳生病。《诗经·周南·卷耳》："陟彼高冈，我马玄黄。"

⑯〔玄黄犹能进，我思郁以纡〕马累生病尚能行，我心忧郁难排解。郁，忧愁。纡，屈曲，回旋。

⑰〔郁纡将何念？亲爱在离居〕忧愁绕心将何念？亲爱之人要别居。何念，想什么，一作"难进"。亲爱，亲爱的人，此指曹彪。在，将要。离居，离别而居。

⑱〔本图相与偕，中更不克俱〕原本打算互做伴，中途变更不能聚。图，思虑，谋划。偕，一同。中更，中途变化。克，能。俱，在一起。

⑲〔鸱枭（chī xiāo）鸣衡轭（è），豺狼当路衢（qú）〕鸱枭鸣叫衡轭上，豺狼横在大路间。鸱枭，鸱和枭，皆为猛禽，传说枭食母，古人认为鸱、枭都是恶鸟，用其比喻奸邪恶人。一说鸱枭即猫头鹰。衡轭，驾在牲口脖子上并与辕相连的马车部件。衡，车辕前面的横木。轭，横木旁扼住马脖子的曲木。衢，四通八达的大道。

⑳〔苍蝇间（jiàn）白黑，谗巧令亲疏〕苍蝇颠倒白与黑，谗言巧语使亲疏。间，变乱。谗巧，谗言巧语。令亲疏，使亲人疏远。《诗经·小雅·青蝇》："营营青蝇，止于樊。岂弟君子，无

信谗言。"此处比喻小人搅乱，颠倒黑白，致使亲人、朋友互生嫌隙、反目成仇。

㉑〔欲还绝无蹊，揽辔止踟蹰〕欲回路断没有道，手握缰绳独徘徊。蹊，路径。揽辔，手握马缰绳。踟蹰，犹豫不决。

㉒〔踟蹰亦何留？相思无终极〕犹豫徘徊为何留？苦苦相思无尽头。终极，最后的终点。

㉓〔秋风发微凉，寒蝉鸣我侧〕秋风嗖嗖散凉意，寒蝉鸣叫在我旁。寒蝉，蝉科动物，蝉的一种，又名"寒蜩"，较一般蝉小。

㉔〔原野何萧条，白日忽西匿〕寥廓原野多萧索，西天白日忽下山。匿，隐藏，指太阳下山。

㉕〔归鸟赴乔林，翩翩厉羽翼〕归鸟飞赴乔木林，翩翩而去振羽翼。乔林，乔木林，指高大树木的样子。厉，高扬。

㉖〔孤兽走索群，衔草不遑(huáng)食〕孤兽奔跑找兽群，口衔蒿草无暇吃。走，跑。索，寻找。不遑，没有闲暇。

㉗〔感物伤我怀，抚心长太息〕见物兴感伤我心，抚心长长叹口气。感物，有感于某物。抚心，抚摸胸口。太息，大声叹息。

㉘〔太息将何为？天命与我违〕大声长叹为什么？上天意志与我违。将，将要。何为，做什么。天命，上天的意志。违，违背。

㉙〔奈何念同生，一往形不归〕奈何思念亲兄弟，兄弟已亡人不归。奈何，表示没有办法。同生，同胞兄弟，此指任城王

曹彰。一往,一去,死亡的婉辞。形不归,指曹彰暴死。形,
形体。

㉚〔孤魂翔故域,灵柩(jiù)寄京师。〕孤单魂灵飞任城,灵
柩寄存在京师。故域,指曹彰的封地任城。灵柩,装有遗体的
棺材。

㉛〔存者忽复过,亡殁(mò)身自衰。〕生者很快也死去,死
者形体将腐败。存者,活着的人,指诗人和曹彪。忽,迅速,突
然。复过,又去,指死亡。复,再,又。亡殁,死去的人,指曹彰。
身,形体。衰,朽,指腐败。

㉜〔人生处一世,去若朝露晞(xī)。〕人生一世是过客,死去
如同朝露干。晞,干。

㉝〔年在桑榆间,景(yǐng)响不能追。〕日到桑榆人已老,
光影声响追不回。桑、榆,二星名。每当傍晚时分,太阳就运行
到桑、榆二星间。这里比喻人到晚年。景响,光影与声音。景,
同"影"。

㉞〔自顾非金石,咄唶(duō jiè)令心悲。〕自念生命非金
石,时光短促使心悲。自顾,自念,自我审视。非金石,不是金
属和石头。此处比喻生命不能像金石那样坚固长久。咄唶,呼
吸之间,形容时间短暂。

㉟〔心悲动我神,弃置莫复陈。〕内心悲痛伤我神,放下这
些不再说。陈,陈述。

㊱〔丈夫志四海,万里犹比邻。〕男儿志向在四海,相隔万
里如比邻。丈夫,成年男子。四海,指天下,全国。比邻,邻居。

㊲〔恩爱苟不亏，在远分(fèn)日亲。〕恩爱如果不减少，远方情分日益亲。苟，倘若。亏，损失。分，情分。日亲，一天比一天亲。

㊳〔何必同衾帱(qīn chóu)，然后展殷勤。〕何必时刻在一起，然后才能表深情。衾帱，被子与床帐。展殷勤，表示情意。

㊴〔忧思成疾疢(chèn)，无乃儿女仁。〕忧愁伤心成疾病，岂非儿女之亲情。疾疢，疾病。疢，热病。无乃，表示委婉的反问，不是，岂不是。儿女仁，儿女之间的亲情。仁，亲也。

㊵〔仓卒骨肉情，能不怀苦辛？〕仓促分开骨肉情，内心怎能不痛苦？仓卒，仓促。骨肉情，兄弟之间的亲情，指白马王曹彪即将和诗人分别。苦辛，苦痛。

㊶〔苦辛何虑思？天命信可疑。〕内心痛苦想什么？天命的确可怀疑。信，的确。

㊷〔虚无求列仙，松子久吾欺。〕虚无之中求诸仙，松子久久把我欺。虚无，实而若虚，有而若无。列仙，诸仙。松子，赤松子，传说中的神仙的名字。吾欺，欺吾，欺骗我。

㊸〔变故在斯须，百年谁能持？〕人生灾祸在片刻，百年长寿谁持有？变故，意外发生的事情或灾祸。斯须，片刻。百年，活到百岁，指长寿。持，执着，握住。

㊹〔离别永无会，执手将何时？〕今日离别永不会，再会握手在何时？执手，握手。

㊺〔王其爱玉体，俱享黄发期。〕王弟当爱惜身体，与我同享黄发年。其，当，可。玉体，敬辞，尊贵的身体。黄发期，人到

老年头发变黄,此指高寿。

⑥〔收泪即长路,援笔从此辞。〕收泪踏上漫长路,提笔赠诗从此别。即,到。长路,指漫长的归途。援笔,拿笔作诗。

【鉴赏】

序文写此诗创作的缘起。黄初四年(223),魏朝廷要求分封在各地的王侯参加立秋迎节气的典礼活动。这一年的六月二十四日立秋,诸侯王按规定必须在立秋前十八天赶到京师,故曹植和胞兄任城王曹彰、异母弟白马王曹彪在五月赶往京城。因曹植的封地在鄄城,曹彰的封地在任城,曹彪的封地在白马,分别在洛阳的东面或东北面,故他们同路赶到洛阳。迎立秋节气的庆典活动结束后,按规定王侯必须返回封地,故在这年七月曹植与曹彪又奔赴封地。曹植去京师时兴高采烈,一个月后回封地时忧心忡忡。这期间发生了两件事令曹植十分伤心。第一件事是,六月曹彰在洛阳暴死。怎么死的,《三国志》没有记载,《世说新语》写了原委:曹丕忌其弟任城王曹彰骁勇。在卞太后(其母)屋里,二人下棋时一道吃枣。曹丕令人在枣中置毒,自己选无毒的枣子吃,曹彰不知内情,一概都吃,因此中毒。太后找水给曹彰喝,想救他,曹丕令左右打碎了装水的罐子,曹彰中毒而亡。《世说新语》不是正史,记载的情况不一定属实。但曹彰暴死,当时肯定有许多传闻,作为亲弟弟的曹植必然怨愤和伤心。第二件令曹植伤心的事是,他和弟弟曹彪不能同路回封地。他们回封地本有一段很长的路程可以同行。曹植、曹彪同时从洛阳出发，不久监国使者灌均告诉他们，朝廷规定诸侯王回藩国时，不允许同住同行。其用意很清楚，以防王侯说不利朝廷的话，做不利朝廷的事。曹植是个多愁善感的人，朝廷这样不信任他们，加之他和弟弟分别后，各在天涯，不知何时才能见面，故十分伤感。这两件事强烈地触动了诗人的情绪，"诗言志，歌咏言"，诗人具备了足够的创作灵感和欲望，于是写下了这篇诗作。

第一、二两章写诗人对京师的依恋和渡洛水后陆路的险阻。此诗从第二章开始，章与章之间的衔接运用顶真修辞，第二章与第一章之间未用顶真，古时有人将前两章合为一章。从诗的内容看，第一章写诗人对京师的"引领""顾瞻"，第二章写刚出京师的太谷之行，前后内容联系十分紧密，可以放在一起欣赏。诗人为什么"引领""顾瞻"、一步三叹，对洛阳充满眷恋？首先洛阳是京都，是其父王曹操缔造的帝业的中心，自己有生以来所追求的理想都寄托在那里，还有对自己疼爱呵护有加的慈母也在那里，再者自己的胞兄任城王曹彰刚刚暴死，灵柩也停放在那里，怎么不令人眷恋？怎么忍心离开呢？为什么刚刚上路就感到路途险阻、人困马乏呢？这和前面所描述的心情有关。如果让诗人实现自己的理想，统率大军讨伐东吴、西蜀，那一定让诗人十分兴奋，万水千山只等闲！而如今，他被迫离开京师，许多烦心的事萦绕心头，所以才刚刚上路就望而生畏、举步维艰了。

　　第三章写怨恨小人搬弄是非、离间骨肉。路途的险阻,旅途的辛苦,那是外在的困难,都是可以克服的,真正难以排解的是内心深处的痛苦。"郁纡"四句写骨肉之亲的分离带来的忧伤。诗人本可以和白马王曹彪同路回封地,由于朝廷使者灌均的阻挠,无奈只得分别上路。"鸱枭"四句写"亲爱在离居"的原因,即坏人当道,颠倒黑白,导致兄长曹丕和兄弟疏远。这四句运用比喻,隐晦曲折地表达了自己怨愤的情绪。最后"欲还"二句写诗人欲回不能、欲进难行的忧伤。

　　第四章写秋天的萧条和由此而产生的感伤。"秋风"四句写秋天的萧条。身体感到的是"秋风发微凉",耳朵听到的是"寒蝉鸣我侧",眼睛看到的是"原野何萧条,白日忽西匿",以秋的悲凉从正面衬托内心的忧伤。"归鸟"四句写自然界的动物为生存而各自活动,然而贵为王侯的曹植和曹彪,连回封地都不能同路,怎么不令人愤慨呢?这些比喻从反面衬托自己身不由己的感伤。最后"感物"二句写忧伤的表现是抚心长叹。这一段景物描写细腻、生动,内心感受的揭示淋漓尽致,情景交融,具有很强的感染力。

　　第五章写由任城王的暴死产生人生无常的感伤。这一章的内容紧接上一章,由触景生情的感物伤怀到回顾亲人不幸的感人伤怀。首二句明确指出"天命与我违",这是对天命不公的愤慨,与顺从天命有质的不同。"奈何"四句回顾任城王的暴死。没有想到同胞兄弟到京城朝拜忽然死去,其他兄弟都回封地了,他的灵柩孤独地停在京城,平铺直叙中凝聚了无限的愤慨与忧伤。"存者"六句写由回顾死者产生的极度伤感。亡者已矣,存者也难久保;人生在世,去如朝露蒸发;人将老去,光阴一去不复回!从伤感到悲惧交集。末二句概括此时情绪是"咄唶令心悲",突出一个"悲"字。这一章是全诗的重点。诗人的感慨与悲伤多半是由任城王的暴死而产生的。

第六章写自我宽解和慰勉曹彪。一个人在极度悲伤之后,要想从悲伤中走出来,往往要靠自我宽解。首二句指出"弃之莫复陈",悲伤的事三天三夜也说不完,只得暂时不说了。"丈夫"六句从正面宽慰自己,大丈夫志在四海,兄弟相隔万里也如同近邻,兄弟只要彼此恩爱,人在远方,情分也会日益加深,不必天天厮守在一起。"忧思"二句从反面宽慰自己,一味忧思成疾病,岂非兄弟之间的真情?诗人是通过宽慰自己来慰勉兄弟曹彪,比劝勉更能打动对方。能不能达到既宽解自己又慰勉兄弟呢?最后两句"仓卒骨肉情,能不怀苦辛"作了否定的回答,无论怎样强为自宽和慰勉亲人,不悲伤都是做不到的。

第七章写人生多变故,离别难再会,祝白马王多保重。首四句写不信天命。在那个时代,人处困境,希望上天的保佑是精神寄托,然而诗人多次求神仙,神仙从来没有保佑他,他彻底失望了,处在完全无助的状态。"变故"四句写人生变故不可预料。诗人深深地感到自己和曹彪虽然贵为藩王,但由于当时的政治气候,灾难随时可能降临,任城王曹彰的暴死就是明证。今天二人离别,可能就是生人作死别,因而情绪极度低沉。末四句写祝曹彪保重。此时诗人唯一能做到的,就是希望彼此保重,争取颐养天年。虽然诗人深知此话苍白无力,但也只能如此而已。

此诗是曹植后期的优秀代表作之一,表达的内容极为丰富,对骨肉相残的怨愤、对兄长暴死的悲痛、对手足离别的伤感、对人生无常的忧愁,都洋溢在诗句之中,情真意切,感人至深。该诗表达的形式多样,或用赋的手法直接陈述,或用比兴的手法寓情于景,或情景交融抒发感慨,或正面议论直抒胸臆,全方位、多角度鲜明地表达了真情实感。除了上述特点之外,诗中还运用了顶真修辞。所谓顶真,即用前面结尾的词语或句子作下文的开头。例如第二章结尾"我马玄以黄",第三章开头"玄黄犹能进"。全诗环环相扣,波澜迭起,浑然一体。

浮萍篇①

浮萍寄清水，随风东西流。②
结发辞严亲，来为君子仇。③
恪勤在朝夕，无端获罪尤。④
在昔蒙恩惠，和乐如瑟琴。⑤
何意今摧颓，旷若商与参。⑥
茱萸自有芳，不若桂与兰。⑦
新人虽可爱，不若故人欢。⑧
行云有反期，君恩傥中还。⑨
慊慊仰天叹，愁心将何愬？⑩
日月不恒处，人生忽若寓。⑪
悲风来入帷，泪下如垂露。⑫
散箧造新衣，裁缝纨与素。⑬

【译注】

①乐府诗题,一作《蒲生行》,《乐府诗集》收于《相和歌辞·清调曲》。浮萍,浮在水面的一年生草本植物。

②〔浮萍寄清水,随风东西流〕浮萍寄生清水上,随风漂浮东西流。寄,依附。

③〔结发辞严亲,来为君子仇〕成年结发辞父母,来与夫君成双对。结发,古代男子二十岁加冠,女子十五岁用簪子束发,都要绾起头发,表示成年。严亲,指父母。严,表示尊敬。君子,妻对夫的称谓。仇,配偶。

④〔恪(kè)勤在朝夕,无端获罪尤〕谨慎勤恳在朝夕,无缘无故获过失。恪,谨慎,恭敬。无端,没有理由。尤,罪过。无端获罪尤,一作"中年获愆尤"。

⑤〔在昔蒙恩惠,和乐如瑟琴〕初婚之时蒙恩惠,夫妇融洽如瑟琴。《诗经·小雅·常棣》:"妻子好合,如鼓瑟琴。"在昔,指初婚的时候。蒙,受。和乐如瑟琴,指夫妇感情和乐如琴瑟奏出来的音乐相和。

⑥〔何意今摧颓(tuí),旷若商与参〕岂料如今我失意,与君远若商与参。何意,岂料,不意。摧颓,失意,指不合夫君的心意。一说,衰败,年衰色败。旷,远。商、参,星名,参星在西方,商星在东方,出没互不相见。

⑦〔茱萸(zhū yú)自有芳,不若桂与兰〕茱萸自有辛烈香,不如桂兰香持久。茱萸,植物名,比喻小人,即下文的"新人"。桂、兰,比喻贤良之人。

⑧〔新人虽可爱,不若故人欢。〕新人即使貌可爱,不如故人令心欢。新人虽可爱,一作"佳人虽成列"。

⑨〔行云有反期,君恩傥(tǎng)中还。〕行云亦有返回时,君恩或许中途还。反,同"返"。傥,同"倘",或许,大概。

⑩〔慊慊(qiàn qiàn)仰天叹,愁心将何愬(sù)?〕怨恨不满仰天叹,忧心忡忡将何诉?慊慊,不满意的样子。何愬,诉说什么?愬,诉。

⑪〔日月不恒处,人生忽若寓。〕时光流逝永不停,人生短暂如客居。日月,时光。不恒处,不常在。处,在,居。忽,迅速。寓,寄,一作"遇"。

⑫〔悲风来入帷,泪下如垂露。〕悲风飕飕入帷帐,泪水滴滴如垂露。帷,帷帐,一作"怀"。垂露,露珠下落。

⑬〔散箧(qiè)造新衣,裁缝纨(wán)与素。〕开箱缝纫新衣服,制衣选择纨与素。散箧,开箱。箧,小箱子。纨,轻细的丝织品。素,白色的生绢。

【鉴赏】

这是一首代言体诗,代弃妇诉说其婚姻由恩爱到被遗弃的情形,表达希冀夫君回心转意重归于好的愿望。余冠英认为此诗写弃妇希望恢复旧爱,可能有借此"讽君"的意思。结合诗人后期的处境和其他诗作,可知余说不无道理。

"浮萍"二句写对弃妇命运的概述。弃妇如同无根的浮萍漂在水面,随风流动,十分形象。"结发"八句写回忆夫妇过去甜蜜的生活,对夫君变心不可理解。当年结发辞双亲,和夫君结为伉俪,何等风光! 自己为人妻整日谨慎勤恳,不知何处得罪了夫君,令夫君另寻新欢。想当年承蒙夫君的怜爱,夫唱妇随,其乐融融,谁知今日不再被夫君喜欢,夫妻远如陌生人。诗中既有温馨的回忆,又有失意的埋怨。"茉萸"四句劝说夫君须知新人不如旧人。新人虽然甜言蜜语,但旧人爱在心中,对夫君时时关心体贴;新人即使精心打扮,表面很好看,但旧人天生丽质,可以令夫君长久欢心。可谓苦口婆心,耐心劝说。"行云"十句写弃妇失望中仍心存一丝希望。天上的行云也有回飘的时候,夫君或许哪一天醒悟过来和我重归于好。无可奈何仰天长叹,满腹的忧愁对谁去诉说呢? 岁月无情,人生如匆匆的过客。悲风吹进帷帐,泪水如露珠一滴一滴垂落。不! 不是一点希望都没有,还应精心打扮自己,裁缝一身轻柔细腻又素雅的新衣,穿出自己的气质,让夫君好生看看。句句是血,声声是泪。通过以上诗句的描述,一位善良、美丽、谨慎、勤劳的少妇,一位满脸泪珠失望中仍抱微弱希望的少妇形象呼之欲出。

运用比喻抒发思想与情感是此诗的显著特点。用随风东西流的浮萍比喻漂泊不定的弃妇,用琴瑟奏乐的和谐比喻当初妇人与夫君的和乐,用商、参二星互不相见比喻当下弃妇与夫君关系的疏远……全诗二十四句,有十多句涉及比喻。不易描绘的情形,不易显示的情感,都用比喻淋漓尽致地表达出来,读者在吟诵中还可透过比喻用自身的体验丰富对诗的感受。

七　哀①

明月照高楼，流光正徘徊。②
上有愁思妇，悲叹有余哀。③
借问叹者谁？自云宕子妻。④
君行逾十年，孤妾常独栖。⑤
君若清路尘，妾若浊水泥。⑥
浮沉各异势，会合何时谐？⑦
愿为西南风，长逝入君怀。⑧
君怀良不开，贱妾当何依？⑨

【译注】

①《文选》录入此诗题为《七哀诗》，一并录入的有王仲宣《七哀诗》二首、张孟阳《七哀诗》二首，均列入"哀伤"类。《乐府诗集》录入此诗题为《怨诗行》，属《相和歌辞·楚调曲》。

"七"为概数,表示哀伤之多。

②〔明月照高楼,流光正徘徊〕皎洁明月照高楼,月光如水在流动。流光,流动的月光。

③〔上有愁思妇,悲叹有余哀〕楼上有位愁思妇,声声悲叹不尽哀。余哀,不尽的悲伤。

④〔借问叹者谁? 自云宕(dàng)子妻〕借问叹者是谁人?自称乃是游子妻。借问,请问。宕子,一作"客子",指久出未归的丈夫。宕,同"荡"。

⑤〔君行逾十年,孤妾常独栖〕夫君外游超十年,我常孤独守空房。君,妻子对丈夫的敬称。逾,超过。

⑥〔君若清路尘,妾若浊水泥〕夫君好比清路尘,为妻如同浊水泥。意思是二者本是一物,为路尘则"清",为水泥则"浊"。言夫妇本是同体,关系密切。

⑦〔浮沉各异势,会合何时谐?〕浮尘、浊泥各相异,何时和谐相会合? 浮,指"清路尘"。沉,指"浊水泥"。势,形势,地位。谐,和谐。

⑧〔愿为西南风,长逝入君怀〕但愿化为西南风,远去吹入君之怀。逝,往。

⑨〔君怀良不开,贱妾当何依?〕君怀实在不肯开,贱妾又要依靠谁? 良,诚然。何依,依何,依靠什么,依靠谁。

【鉴赏】

从字面上看这是一首闺怨诗,写思妇对远游不归丈夫的怨言。但从内容看,如果说《浮萍篇》中诗人可能有"讽君"的意思,那么此诗"讽君"更为明显。"君若清路尘,妾若浊水泥。浮沉各异势,会合何时谐?"此四句可喻夫妇如同清路尘与浊水泥,本是一物,只是处境不同,更可喻兄弟本骨肉一体,只是地位不同,此与当时曹植与魏文帝曹丕之间的关系何其相似。

全诗共十六句,可分为两部分赏析。前八句为第一部分,写月夜的景色和思妇。"明月"二句写夜景,月光如水在高楼上流动,静中有动;动,更显得夜晚的幽静。"上有"二句写思妇出镜,思妇长叹不已,无限哀愁。"借问"四句写思妇的遭际。思妇乃宕子之妻,夫君外游超过十年,可怜思妇孤守空房。这一部分由远及近,由景及人,由人及事,为下文的展开作了充足的铺垫。后八句为第二部分,写思妇的心理活动。"君若"四句写夫妻的关系。宕子是路上的尘,思妇是水中的泥,前者清,后者浊,但本质是一样的,都是土。由于位置的不同,前者浮,后者沉。思妇祝愿夫妻合为一体,过上正常的和谐生活。思妇所期待的生活,是千百万夫妻的正常生活,对思妇而言,却是一种奢望。于是诗人笔锋一转,写出"愿为"二句,无可奈何,思妇梦想化为一缕西南风,钻入夫君的怀中。然而,这一梦想还是太奢侈,笔锋又一陡转,写出"君怀"二句。宕子离家已超过十年,你怎么知道他没有新欢,怎么知道他还对你敞开胸怀?这一部分由议论到梦想,再由梦想到忧伤。全篇前半部分风平浪静,重在叙事,后半部分涟漪迭起,重在写思妇的感伤。

　　《诗品》评价曹植诗"骨气奇高,词采华茂"。曹植的诗从整体看,这个评价是中肯的。但就此篇《七哀》而言,"骨气奇高"有之,词采并不"华茂"。除了开篇"明月照高楼,流光正徘徊"略显用词华丽外,以下十句都极其平实。前半部分状物写人,完全是白描,未加一点修饰;后半部分议论,简直就是大白话。由此可见,曹植的笔力雄健,诗作表现力丰富,抛开华茂的词采,诗人照样可以写出感人的诗篇。

种葛篇^①

种葛南山下,葛藟自成阴。^②
与君初婚时,结发恩义深。^③
欢爱在枕席,宿昔同衣衾。^④
窃慕《棠棣》篇,好乐如瑟琴。^⑤
行年将晚莫,佳人怀异心。^⑥
恩纪旷不接,我情遂抑沉。^⑦
出门当何顾? 徘徊步北林。^⑧
下有交颈兽,仰见双栖禽。^⑨
攀枝长叹息,泪下沾罗衿。^⑩
良马知我悲,延颈对我吟。^⑪
昔为同池鱼,今为商与参。^⑫
往古皆欢遇,我独困于今。^⑬
弃置委天命,悠悠安可任!^⑭

【译注】

①乐府诗题,以诗的首句二字作为篇名,曹植自创,无古辞,《乐府诗集》收于《杂曲歌辞》。

②〔种葛南山下,葛藟(lěi)自成阴。〕葛草种在南山下,葛藤缠绕自成荫。葛,多年生的蔓草。藟,藤。阴,同"荫"。

③〔与君初婚时,结发恩义深。〕我与夫君初婚时,一同束发恩情深。结发,指成年。古代男子二十岁、女子十五岁束发表示成年。恩义,恩爱情义。义,一作"意"。

④〔欢爱在枕席,宿昔同衣衾(qīn)。〕夫妻欢爱枕席上,朝夕相处同被眠。宿昔,同"夙昔",朝夕。同衣衾,同被子,此处"衣""被"连用意指"被"。

⑤〔窃慕《棠棣(dì)》篇,好乐如瑟琴。〕私下羡慕《棠棣》篇,夫妻和乐如瑟琴。《诗经·小雅·棠棣》:"妻子好合,如鼓瑟琴。"窃,私下。如,一作"和"。

⑥〔行年将晚莫(mù),佳人怀异心。〕一年一年人将老,夫君怀中有二心。行年,历年。晚莫,比喻年纪渐老。莫,"暮"的本字。佳人,美好的人,此指丈夫。异心,指另有所爱。

⑦〔恩纪旷不接,我情遂抑沉。〕夫妻欢爱久断绝,我情压抑而低沉。恩纪,恩情,指欢爱。旷,久。不接,不连接,断绝。抑沉,压抑低沉。

⑧〔出门当何顾?徘徊步北林。〕出门应当何处看,徘徊行走到北林。《诗经·秦风·晨风》:"鴥彼晨风,郁彼北林。未见君子,忧心钦钦。"步,步行。北林,和前面"南山"对应,以徘

徊在北林表达忧伤。

⑨〔下有交颈兽，仰见双栖禽。〕下有两颈相交兽，仰见比翼双栖禽。《庄子·马蹄》："（马）喜则交颈相靡。"交颈兽，即下文"良马"。两颈相交，以示欢爱。

⑩〔攀枝长叹息，泪下沾（zhān）罗衿。〕抓住树枝长叹息，泪如雨下湿罗衿。攀，用手拉。沾，浸湿。罗衿，罗衣的襟。罗，一种轻薄的丝织物。衿，同"襟"，衣襟。

⑪〔良马知我悲，延颈对我吟。〕良马知道我心悲，伸长脖子对我吟。延颈，伸长脖子。对，一作"代"。

⑫〔昔为同池鱼，今为商与参。〕当初本是同池鱼，今为商参不相见。同池鱼，比喻夫妻相聚相爱。商与参，商星出现之际，即为参星隐没之时，喻互不相见。

⑬〔往古皆欢遇，我独困于今。〕古时夫妻都欢聚，我独失爱困于今。往古，古代，古时候。欢遇，指夫妻欢乐相聚。

⑭〔弃置委天命，悠悠安可任！〕抛弃痴情顺天命，悠悠伤感怎可承！弃置，抛开。委，顺从。悠悠，形容忧伤不绝的样子。任，承受。

【鉴赏】

清末诗人朱绪曾评价《种葛篇》："借弃妇而寄慨之辞。篇中'葛藟''棠棣'，皆隐寓兄弟意。"（《曹集考异》）此诗与《浮萍篇》寓意相同，借弃妇之口表达诗人自己的感慨。这首诗应该作于黄初年间。曹丕代汉称帝后诛杀了曹植的谋士丁仪、丁廙兄弟,以翦其羽翼。由于曹丕的猜忌,曹植精神极其痛苦、压抑,囿于君臣之道,许多话又不能直说,于是写下了这首诗表达自己的忧伤。

全诗可分为三个部分。前八句为第一部分,写夫妇初婚时的恩爱。“种葛”二句既是起兴,又是比喻。《诗经·王风·葛藟》有“绵绵葛藟,在河之浒”句,《诗经·唐风·葛生》有“葛生蒙楚,蔹蔓于野”句,此以葛藤交错缠绕,比喻夫妻情义缠绵。“与君”四句写初婚的欢爱。初婚之时,夫妇同床共枕,如胶似漆,欢乐无比。“窈慕”二句表达心迹。《诗经·小雅·常棣》:“妻子好合,如鼓瑟琴。兄弟既翕,和乐且湛。”夫妻间亲密无间,如同婉转悠扬的琴瑟协奏;兄弟们亲亲热热欢聚一堂,是那样和谐欢乐且直至永久。这里是借弃妇希望夫君回心转意,夫妻和好如初、终生相爱,隐晦曲折地表达了诗人的期待,期盼自己和兄长曹丕重归于好,兄弟间永远互信互爱。

中间十二句为第二部分,写弃妇被遗弃的悲伤。“行年”四句直接叙述弃妇悲伤的由来。初婚时夫妇之间那样情深义重,为什么如今关系冷若冰霜?因为“行年将晚莫,佳人怀异心”。随着日月的流逝,弃妇不像昔日那样光彩照人,丈夫心中另有新欢。往日的夫妻恩爱很久不再有了,所以弃妇心灰意冷,情绪抑郁沉重。以下八句具体写悲伤的情景。弃妇为了排遣痛苦,漫步来到了北林。林中的动物与弃妇形成鲜明的对照,野兽雄雌交颈相欢,飞禽成双成对同栖枝头。弃妇想到自己孤苦伶仃，不禁泪如雨下，沾湿了衣襟。弃妇的良马也通人性，伸长脖子对主人吟叫。这一部分由直抒心中的郁闷，到比喻写景，到拟人诉说，多角度地描写弃妇失爱的悲痛情形。

诗的最后六句为第三部分，写弃妇的慨叹。"昔为同池鱼，今为商与参。"弃妇怎么也不明白，昔日夫妻就像同一水池的鱼，整日厮守，一刻也不分离，为什么如今却像商、参二星东出西落，互不相见？这是慨叹之一。"往古皆欢遇，我独困于今。"弃妇怎么也不明白，过去只要二人结为夫妻就终生欢聚在一起，为什么现在自己却孤苦地独守空房？这是慨叹之二。"弃置委天命，悠悠安可任！"慨叹又有什么用？只能将此抛开，顺从天命，否则一肚子悠悠伤感怎么能够承受得了？真是肝肠寸断，痛苦到了极致。

曹植的诗善用比喻，不仅诗中常用许多贴切的比喻，而且常常以全篇作比喻。这首诗就是以全篇作比喻。诗中以弃妇比喻诗人自己，以佳人夫君比喻兄长，以弃妇和丈夫的关系比喻诗人与兄长的关系。通过弃妇诉说忧伤，含蓄地诉说自己不被理解，不受重用，失去兄弟情义的忧伤和愤慨之情，把当时君臣关系中不敢说、不能说的苦衷，具体、细腻地表达出来。

怨歌行①

为君既不易，为臣良独难。②
忠信事不显，乃有见疑患。③
周公佐成王，金縢功不刊。④
推心辅王室，二叔反流言。⑤
待罪居东国，泣涕常流连。⑥
皇灵大动变，震雷风且寒。⑦
拔树偃秋稼，天威不可干。⑧
素服开金縢，感悟求其端。⑨
公旦事既显，成王乃哀叹。⑩
吾欲竟此曲，此曲悲且长。⑪
今日乐相乐，别后莫相忘。⑫

【译注】

①乐府诗题,《乐府诗集》收于《相和歌辞·楚调曲》。

②〔为君既不易,为臣良独难。〕作为国君既不易,作为臣子实更难。《论语·子路》:"为君难,为臣不易。"良,确实。独,特殊。

③〔忠信事不显,乃有见疑患。〕忠诚之心不易知,竟有被疑引祸患。忠信,忠诚信实。显,显明。乃有,竟然有。见疑,被疑。

④〔周公佐成王,金縢(téng)功不刊。〕周公辅佐周成王,金縢之功不可没。《尚书·金縢》载,武王有病,周公作策书告神,请代武王去死,事后将策书放入金縢的柜里。后来周成王打开柜子见到策书,方知周公的忠心。佐,辅助。金縢,用金属封存文书的柜子。刊,除去。

⑤〔推心辅王室,二叔反流言。〕推心置腹辅王室,二叔反而散流言。二叔,即周公之兄管叔姬鲜和之弟蔡叔姬度。流言,指散布周公谋权篡位的谣言。

⑥〔待罪居东国,泣涕常流连。〕等待处罚避东方,眼泪长流不停歇。周公因成王听信谣言,借东征徐戎留在东方未归。一说,因成王听信谗言杀害了周公的一些部下,周公避居东都洛阳。待罪,等待惩处。泣涕,流泪。泣,一作"法"。流连,连续不断。

⑦〔皇灵大动变,震雷风且寒。〕天帝突降大灾难,震雷声声狂风寒。周公避居东方第二年秋天,镐京雷电交加、狂风呼

啸,田里庄稼倒伏。皇灵,天帝。大动变,天降灾难。

⑧〔拔树偃秋稼,天威不可干〕狂风拔树庄稼倒,天威不可来冒犯。偃,倒伏。干,冒犯。

⑨〔素服开金縢,感悟求其端〕成王素服开金縢,体会寻求其原因。素服,指居丧或遭到凶事时穿白色衣服。端,原委。

⑩〔公旦事既显,成王乃哀叹〕周公忠心事显露,成王于是叹其贤。公旦,周公旦。旦,周公名,姓姬名旦。

⑪〔吾欲竟此曲,此曲悲且长〕我想唱完这支曲,此曲悲凉且又长。竟,完毕,终了。

⑫〔今日乐相乐,别后莫相忘〕今日一起共欢乐,分别之后莫相忘。"吾欲"下四句,乐府歌辞中经常用的套语,奏乐时附加。

【鉴赏】

关于这首诗的作者,过去有不同的说法。一些书把此诗列为古辞,《北堂书钞》把此诗列为曹丕名下。"诗言志,歌咏言。"仔细研究一下此诗的内容,再对照一下曹植后期的处境,可知《乐府诗集》等书将此诗定为曹植所作是对的。周公是成王的叔父,周公忠心辅佐成王。曹植是明帝曹叡的叔父,曹植也忠心辅佐明帝。成王的父亲武王有病,有人散布谣言,说周公要谋权篡位。周公作策书将其藏于金縢的柜子,告诉神灵,请代武王去死。后来周成王打开金縢见到策书,消除了对周公的误会。曹丕去世后,其子曹叡即位。太和二年(228),曹叡西巡长安。当时讹传曹叡死,群臣欲返立曹植。京师洛阳卞太后和皇室都十分害怕。不久,曹叡回洛阳,朝野方知先前传闻为谣言。诗人在诗中感叹道:"为君既不易,为臣良独难。忠信事不显,乃有见疑患。"这是诗人借为周公抱不平,为自己的身世抒发感慨。

全诗共二十二句,可分为三个部分。前四句为第一部分,写"为臣良独难"。将"为君"与"为臣"作比较,前者虽然十分不易,但后者更加艰难。为什么?"忠信"二句作了回答,人心隔肚皮,为臣的忠心从表面不易看出来,臣子忠心耿耿有时反而被怀疑遭受祸患。这一部分为下面叙述周公故事作了铺垫。

中间十四句为第二部分,写周公忠心辅佐成王。"周公"四句写周公为臣难。周公赤胆忠心辅助成王,成王的两个叔叔却散布谣言,说周公要篡夺王位。"待罪"六句写周公被疑,天理不容。周公遭疑,待罪履职,泣涕流连,也不辩解,让时间去检验。天威不可犯,狂风拔起大树,吹倒了庄稼。"素服"四句写周公忠心被证实。成王打开了柜子,看到了策书,终于知道周公的一片忠心。

最后四句为第三部分,录用乐府诗歌和乐时套语。此四句意味深长,希望明帝能像周成王理解周公那样理解自己,明白自己的忠心。

当墙欲高行①

龙欲升天须浮云，人之仕进待中人。②

众口可以铄金，谗言三至，慈母不亲。③

愦愦俗间，不辨伪真。④

愿欲披心自说陈，君门以九重，道远河无津。⑤

【译注】

①乐府诗旧题《墙欲高行》，古辞已佚，《乐府诗集》收于《杂曲歌辞》。当，当作，模拟。

②〔龙欲升天须浮云，人之仕进待中人。〕龙欲升天需要浮云助，人要做官依靠贵人荐。须，需要。仕进，入仕，做官。中人，中介人，指国君左右有权势的人。

③〔众口可以铄（shuò）金，谗言三至，慈母不亲。〕众口一词可以销熔黄金，谗言多次离间，慈母变得不亲。《史记·甘茂

列传》："昔曾参之处费，鲁人有与曾参同姓名者杀人，人告其母曰'曾参杀人'，其母织自若也。顷之，一人又告之曰'曾参杀人'，其母尚织自若也。顷又一人告之曰'曾参杀人'，其母投杼下机，逾墙而走。"铄金，熔化黄金。

④〔愦愦(kuì kuì)俗间，不辨伪真〕昏乱愚昧人世间，不辨流言假与真。愦愦，糊涂、昏乱的样子，一作"愤愤"。

⑤〔愿欲披心自说陈，君门以九重(chóng)，道远河无津〕希望掏心自辩解，君门重重难迈进，路远河上无渡口。披心，表露真心。说陈，陈述。君门以九重，宋玉《九辩》有"君之门以九重"句，此引用是说皇宫深邃难进。津，渡口。

【鉴赏】

曹植自幼有远大抱负，立志为国家干一番轰轰烈烈的事业。由于曹丕、曹叡父子对他均怀有戒备之心，他始终受不到重用。这首诗写作时间不详，从内容分析，属于诗人后期作品，很可能作于其侄儿曹叡即位之后。此时诗人对得到信任干一番事业已不抱希望，对当时佞臣当道、不辨真伪的政治生态已完全失望。

篇首二句写官场现状，兴中有比，先比后赋。龙想升天腾飞，需要浮云将它托起；官场也是这样，要想升官发达，必须有权贵引路。身为皇叔的曹植要干点实事也必须经佞臣推荐，可见当时官场何其腐败。中间五句写世道不辨真伪，引用了一个

"众口铄金"的成语,一个"慈母不亲"的典故,把真伪难辨的世道讲得清清楚楚。"愦愦俗间,不辨伪真",在引用成语、典故之后,诗人对世道作了概括:昏乱糊涂,真假不分。最后三句写进言无门。自己对朝廷忠心耿耿,有许多好的建言,但由于君门重重受阻,又没有贵人搭桥,只得眼睁睁看着官场黑暗、世道衰败。

全篇共十句五十三字,短小精悍,把官场、世道的不良习气写得入木三分,把诗人自己的忧虑与愤懑之情抒发得淋漓尽致。

鰕魟篇①

鰕魟游潢潦，不知江海流。②
燕雀戏藩柴，安识鸿鹄游?③
世士此诚明，大德固无俦。④
驾言登五岳，然后小陵丘。⑤
俯观上路人，势利惟是谋。⑥
高念翼皇家，远怀柔九州。⑦
抚剑而雷音，猛气纵横浮。⑧
泛泊徒嗷嗷，谁知壮士忧?⑨

【译注】

①曹植拟乐府《长歌行》而作此篇，以篇首二字为题，《乐府诗集》收于《相和歌辞·平调曲》。

②〔鰕（xiā）魟（shàn）游潢（huáng）潦，不知江海流。〕鰕

鳈游于沟池中,不知江海奔腾流。鰕,同"虾",一说即"鲵",一种小鱼。鳈,即"鳝",黄鳝。潢,积水池。潦,积水。

③〔燕雀戏藩柴,安识鸿鹄游?〕燕雀戏于篱笆上,怎知天鹅长空游?《史记·陈涉世家》:"燕雀安知鸿鹄之志哉!"藩柴,篱笆。鸿鹄,天鹅。

④〔世士此诚明,大德固无俦〕志士真正知此理,大德必定无人比。世士,当世之士。此诚明,确实明白这道理,一作"诚明性"。大德,大的功德。固,必定。无俦,无比。

⑤〔驾言登五岳,然后小陵丘〕驾车遍游登五岳,此后天下无陵丘。《孟子·尽心上》:"孔子登东山而小鲁,登泰山而小天下。"驾,驾车。言,语气助词。五岳,中华传统文化中五大名山的总称,分别是中岳嵩山、东岳泰山、西岳华山、南岳衡山、北岳恒山。小陵丘,陵丘变得很小。

⑥〔俯观上路人,势利惟是谋〕俯看仕途奔走人,谋求唯有势和利。上路人,指在仕途上奔走的人。势利,权势和利益。惟是谋,惟谋是,"是"指代"势利"。

⑦〔高念翼皇家,远怀柔九州〕最高信念辅皇家,远大抱负安九州。高念,最高的信念。翼,辅助。远怀,远大的怀抱。柔,安定。九州,泛指华夏。根据《尚书·禹贡》记载,九州分别是冀州、兖州、青州、徐州、扬州、荆州、豫州、梁州、雍州。

⑧〔抚剑而雷音,猛气纵横浮〕持剑发出雷鸣音,威猛气概纵横流。《庄子·说剑》:"此剑一用,如雷霆之震也,四封之内,无不宾服而听从君命者矣。"抚剑,持剑。而,如,好像。雷

音,雷鸣般的声音。浮,漂流,浮沉。

⑨〔泛泊徒嗷嗷,谁知壮士忧?〕轻浮小人只呼叫,哪知壮士心中忧?泛泊,浮停在水面。嗷嗷,呼叫声。

【鉴赏】

此篇是诗人拟汉乐府《长歌行》而作,不仅曲调同属《相和歌辞·平调曲》,而且在内容表达和语言风格上很相似。《长歌行》从园中葵菜说起,进而以水流到海不复回作比,说时光易逝,告诫人们要珍惜青春,发奋学习,否则"少壮不努力,老大徒伤悲"。此篇从鰕鲔、燕雀说起,进而写到世士驾车登上五岳,然后天下无山,告诫人们不要像世俗之人那样贪图势利,而要胸怀大志,"高念翼皇家,远怀柔九州"。两篇都是从小事物说起,生发开去,讲了一个道理。其语言风格都是洋洋洒洒、慷慨激昂。

诗的前四句为第一部分,写世俗之人不知世士之志。诗中以常见的几种动物打比方,说了一个道理。鰕鲔活在小水沟里,一辈子未见过大江大海,燕雀只是在篱笆间戏飞,哪里知道天鹅在长空中怎样翱翔,这些十分形象地告诉人们,格局决定人的命运,眼界决定人的世界观。后十二句为第二部分,写世士的壮志。"世士此诚明"四句写世士的心胸。因为世士知晓这些道理,所以他们的道德修养无人能与之相比。世士见的世面多,思想境界高,天下的事没有他们看不明白的。"俯观上路人"四句写世俗之人与世士相比。世俗之人在仕途上忙忙碌碌,一心追求个人的权势与利益;世士心中考虑的是如何效力朝廷,实现安邦定国的远大抱负。"抚剑而雷音"四句写壮士的气概。壮士心怀天下,就没有私心;没有私心,就没有畏惧;没有畏惧,方威猛无比。因而持剑之声如雷鸣,全身上下都洋溢着不可战胜的英雄气概。世俗之人不仅在形象上无法与壮士相提并论,在境界上也无法与壮士相比。前者整天到处游荡为追逐势力嗷嗷叫,后者为国家尚未完全安定而担忧。这壮士既是上面所讲的世士,即有志之士,也是诗人自比。诗人始终为国家尚未统一而担忧,为自己没有机会领兵出征而愤愤不平。

此诗运用了比喻和对比的手法。以鰕鲌、燕雀比喻世俗之人,以鸿鹄比喻世士。世士与世俗之人对比:世士视野宽广,以天下为己任,气概勇猛威武;世俗之人心胸狭窄,眼中只有权势和利益,形象庸俗猥琐。诗中通过比喻和对比,世士和世俗之人形象栩栩如生,抒发的爱憎感情鲜明突出。

吁嗟篇^①

吁嗟此转蓬,居世何独然!^②
长去本根逝,宿夜无休闲。^③
东西经七陌,南北越九阡。^④
卒遇回风起,吹我入云间。^⑤
自谓终天路,忽然下沉泉。^⑥
惊飙接我出,故归彼中田?^⑦
当南而更北,谓东而反西。^⑧
宕宕当何依? 忽亡而复存。^⑨
飘飖周八泽,连翩历五山。^⑩
流转无恒处,谁知吾苦艰?^⑪
愿为中林草,秋随野火燔。^⑫
糜灭岂不痛? 愿为株荄连。^⑬

【译注】

①《乐府解题》说曹植拟《苦寒行》而作《吁嗟篇》。此篇《乐府诗集》收于《相和歌辞·清调曲》。

②〔吁嗟此转蓬,居世何独然!〕哎呀这种飞蓬草,生在世上多孤独! 吁嗟,叹息声。转蓬,菊科植物,花如球状,随风旋转,故名。居世,生在世上。

③〔长去本根逝,宿夜无休闲。〕永远离开本根去,日夜飘飞无休闲。长去,永远离去。逝,往。宿夜,朝夕。

④〔东西经七陌,南北越九阡。〕东西经过七陌野,南北飞越九阡地。七陌、九阡,指东西南北很远的地方。

⑤〔卒(cù)遇回风起,吹我入云间。〕忽然遭遇旋风起,把我吹入云彩间。卒,通"猝",突然。回风,旋风。

⑥〔自谓终天路,忽然下沉泉。〕认为飞尽通天的路,忽然下沉深水中。天路,天上之路,引申为遥远之路。泉,唐人避讳改"渊"为"泉",深水。

⑦〔惊飙接我出,故归彼中田?〕暴风接我出深渊,怎么送我回田中? 飙,从下而上的暴风。故,通"顾",怎么。中田,田中。

⑧〔当南而更北,谓东而反西。〕正向南飞又向北,说向东飞却返西。当,正。更,又。谓,说。反,通"返"。

⑨〔宕宕当何依? 忽亡而复存。〕飘荡何所依? 忽然不见却又现。宕宕,荡荡,飘荡的样子。亡,遗失。

⑩〔飘飖周八泽,连翩(piān)历五山。〕飘摇飞翔遍八泽,

接连不断过五山。飘飘,飘荡不定。八泽,我国古代的八大水泽。此处泛指各地的湖泊。五山,指华山、首山、太室山、泰山、东莱山,一说即"五岳",此处泛指各地的山。

⑪〔流转无恒处,谁知吾苦艰?〕到处迁徙无定处,有谁知道我苦艰?流转,迁徙。恒处,固定的处所。

⑫〔愿为中林草,秋随野火燔(fán)。〕愿做林中一株草,秋随野火化为灰。中林,林中。燔,烧。

⑬〔糜(mí)灭岂不痛?愿为株荄(gāi)连。〕化为灰烬岂不痛?宁死愿与株根连。糜灭,破碎毁灭。荄,草根。

【鉴赏】

太和三年(229)十二月,曹植徙封东阿王。这首诗是诗人徙东阿后所作。诗人徙东阿前夕作《迁都赋》。赋序曰:"余初封平原,转出临淄,中命鄄城,遂徙雍丘,改邑浚仪,而末将适于东阿。号则六易,居实三迁。连遇瘠土,衣食不继。"曹丕、曹叡父子对曹植一直存有猜忌之心,故对他频繁改封。曹植于十一年中三徙其封地。《吁嗟篇》以转蓬自喻,形象地叙述了这一时期的迁徙生活。

全诗分为三个部分。首四句为第一部分,总写转蓬之苦。转蓬之苦在于"居世何独然"。苦莫大于孤独!"独"苦之一是"去本根","独"苦之二是"无休闲"。转蓬离开本根,日夜不停地到处飘荡,十分痛苦。这四句总领全诗。中间十六句为第二部分,铺叙转蓬之苦。"东西"四句写转蓬四方皆去。普天之下,东西七陌,南北九阡,转蓬飘飞,无处不去。"自谓"四句写转蓬忽上忽下。本以为飞上通天的路,忽然又栽入深不见底的水中;刚被暴风从深渊拉出,倏地又回到农田之中。"当南"四句写转蓬若亡若存。转蓬似乎被一只无形的手牵着,正向南飞而又向北,说是东飞,而又向西,飘忽不定,若亡若存。"飘飘"四句写转蓬流转无恒,游遍了天下的湖泊,周游了九州的大山。末四句为第三部分,写转蓬的愿望。希望自己是林中一株普通的草,秋天到来在野火中化为灰烬。如此,野草与本根永不分离。全诗以转蓬自比,表达了诗人的漂泊之苦和骨肉分离之痛;除此之外,还暗指造成这种命运与小人离间有关。诗中还隐晦指出君上对自己不够体恤。

　　此诗全篇为比,以转蓬飘荡不定比喻诗人迁徙生活。诗人紧扣转蓬的特征,具体勾勒出转蓬忽上忽下、忽东忽西、忽南忽北、忽亡忽存、流转无恒的历程,使读者自然而然地和诗人的漂泊生活一一对应起来,同时产生丰富的联想,深深受到感染,从而对诗人产生由衷的同情并为诗人抱不平。

美女篇①

美女妖且闲，采桑歧路间。②
柔条纷冉冉，落叶何翩翩！③
攘袖见素手，皓腕约金环。④
头上金爵钗，腰佩翠琅玕。⑤
明珠交玉体，珊瑚间木难。⑥
罗衣何飘飘，轻裾随风还。⑦
顾盼遗光采，长啸气若兰。⑧
行徒用息驾，休者以忘餐。⑨
借问女何居？乃在城南端。⑩
青楼临大路，高门结重关。⑪
容华耀朝日，谁不希令颜？⑫
媒氏何所营？玉帛不时安。⑬
佳人慕高义，求贤良独难。⑭
众人徒嗷嗷，安知彼所观？⑮

盛年处房室,中夜起长叹。⑯

【译注】

①此篇《乐府诗集》收于《杂曲歌辞·齐瑟行》,无古辞,以诗首二字名篇。

②〔美女妖且闲,采桑歧路间。〕美女艳丽且文静,采桑来到岔路间。妖,艳丽。闲,通"娴",文静。歧路,岔路。

③〔柔条纷冉冉,落叶何翩翩!〕柔枝纷纷在摇动,采落桑叶翩翩飞。柔条,柔嫩的树枝。纷,杂而多的样子。冉冉,慢慢摇动的样子。翩翩,轻快飞舞的样子。

④〔攘(rǎng)袖见(xiàn)素手,皓腕约金环。〕挽起袖子现素手,洁白手腕套金环。攘袖,挽起衣袖。见,现。素,白色。皓,洁白。约,束,套。金环,金手镯。

⑤〔头上金爵钗(chāi),腰佩翠琅玕(láng gān)。〕头戴黄金雀形钗,腰佩碧绿琅玕石。爵钗,发钗一头为雀状。翠,绿色。琅玕,一种似玉的石头。

⑥〔明珠交玉体,珊瑚间木难。〕明珠联络玉体上,点缀珊瑚有木难。交,联络。珊瑚,生长在海里的一种虫,其骨骼为树枝状。间,与,一说"间杂"。木难,碧色珠,传说为金翅鸟唾液所形成。

⑦〔罗衣何飘飘,轻裾(jū)随风还(xuán)。〕身着罗衣多飘摇,衣襟随风而翻转。罗衣,用轻软的丝织品制作的衣服。飘

飘,一作"飘飖"。裾,衣服的大襟。还,同"旋",转。

⑧〔顾盼遗光采,长啸气若兰。〕双目顾盼溢光彩,长啸气若兰花香。顾盼,向两旁或周围来回看。遗,留,余。采,通"彩"。长啸,蹙口作声,吹口哨。兰,指兰花的香味。

⑨〔行徒用息驾,休者以忘餐。〕行人见了而停车,休息之人而忘餐。行徒,行路的人。用,因此。息驾,停止驾车。汉乐府《陌上桑》:"行者见罗敷,下担捋髭须;少年见罗敷,脱帽著帩头;耕者忘其犁,锄者忘其锄,来归相怨怒,但坐观罗敷。"

⑩〔借问女何居?乃在城南端。〕请问美女住哪里?就在此城的南边。借问,向别人询问,请问。诗中常见的假设性问语,一般用于上句,下句作者自答。何居,住何处。乃,就。

⑪〔青楼临大路,高门结重(chóng)关。〕青漆楼房临大路,高门之后两道栓。青楼,以青漆涂饰的楼房。重关,门后两道栓。

⑫〔容华耀朝日,谁不希令颜?〕容光焕发似朝日,有谁不慕其美颜?容华,容颜。希,慕。令颜,美貌。

⑬〔媒氏何所营?玉帛不时安。〕媒人在干什么事?行聘订婚不及时。媒氏,媒人。营,做事,指做媒。玉帛,指古代订婚行聘所用的珪璋、束帛。不时,不及时。安,定,此指订婚。

⑭〔佳人慕高义,求贤良独难。〕佳人敬慕高尚人,求得贤士实在难。慕,钦佩,敬慕。高义,高尚的品德,此指具备高尚品德的人。良,实在。独,特别。

⑮〔众人徒嗷嗷,安知彼所观?〕众人徒然嗷嗷叫,哪知此

女择婿观? 徒,徒然,白白地。所观,所喜欢的。观,一作
"欢"。

⑯〔盛年处房室,中夜起长叹。〕青春盛年在闺房,半夜起
身而长叹。盛年,盛壮之年,美好的年华。中夜,半夜。

【鉴赏】

此诗以美女盛年不嫁比喻志士怀才不遇。诗人极力称赞
美女的美丽和敬慕高义的择婿观,表明对自己的才干充满信
心,对明君的期望值极高,骨子里充满傲气。在曹植短暂的一
生中,充分显示这种精神状态的,正是诗人的青年时期。曹植
步入中年以后,由于曹丕、曹叡父子对曹植的猜忌,加之奸佞的
离间,一直不受朝廷重用,十一年中三徙其封地,过着近似流浪
的生活。诗人慢慢地由充满傲气、怀才不遇到忧伤、愤慨以至
于后期对佞臣当道不辨是非的世态完全失望,对实现宏伟的人
生抱负不抱一点希望。由此可知,这首诗应是诗人的前期
作品。

全诗共三十句,可以分为三个部分来理解。

前十六句为第一部分,写采桑女美丽的形象。开篇四句就
美女采桑叙事,概写美女的美丽。"妖"指外貌艳丽,"闲"指气
质文静。真正的美女必须外貌美与气质美融为一体。"采桑歧
路间"交代美女展现的动作和场所。"采桑"是美女动态美的
展现途径;"歧路间",即岔路口,是美女采桑的地点,也为下文

"行徒"与"休者"的观赏美女埋下了伏笔。"冉冉""翩翩"两个叠词极写采桑动态的美,貌似写柔条、落叶之美,实则写美女双手动作之美。此四句远镜头地勾勒出美丽的采桑女。"攘袖"十二句,描写的镜头拉近,具体而细致地写采桑女的美丽。前八句写美女的服饰,手戴金环,头插金钗,腰佩美石,全身上下都是珠光宝气,罗衣飘飘,衣襟翻飞,由手部到身体,由上到下,由局部到全身,由静态到动态,写尽了美女服饰的珍贵和形象的美丽。在华贵的服饰中还展露了美女肢体局部的美丽,如"素手"与"皓腕",着笔不多,也很诱人。"顾盼"二句写美女的神采与气息。美女左右环顾,神采飞扬,轻吹口哨,若兰芬芳。如果说前八句写服饰是摄人眼球,那么后两句写神采是摄人魂魄。"行徒"二句写行人、休者为美女所折服。行人见了美女忘记了行路,休息的人见了美女忘记了吃饭,从侧面烘托了美女的美丽。

"借问"八句为第二部分,写媒人不敢登门为美女提亲。前四句交代了美女的住处,特别点出美女门第的高贵,"青楼""高门""重关",这是一般人家所不具备的。"容华"二句写美女光彩照人,人人爱慕。正因为美女不是一般的小家碧玉,而是大家闺秀,不仅门第高贵,而且容颜超群,所以媒人望而却步。这里也是诗人自比,自己出自王室之家,满腹经纶,雄才大略,不屑于与世俗之人为伍。

全诗最后六句为第三部分,写美女的择婿观和闺中的焦虑。美女不仅仪表美丽、气质非凡,而且心志极高,一心要找一个德才兼优的极品郎君。虽然爱慕的男儿对她趋之若鹜，但被佳人看中的一个也没有。众男士徒然嗷嗷叫，哪里知道美女心目中的如意郎君是啥个模样？半夜，美女起身短吁长叹，心上人啊，什么时候才能来到眼前！一位闺中待嫁的盛年美女形象跃然纸上。诗人借此抒发了英雄无用武之地的感慨。

南朝钟嵘《诗品》称曹植的诗"骨气奇高，词采华茂"，这一评价在此篇中得到集中而充分的体现。诗中以美女喻君子。君子有美德、壮志，愿得明君而事之；若遇不到明君，即使朝廷征求，也终生不屈从。关于词采，在诗人全部作品中，除了《洛神赋》，《美女篇》最为"华茂"。写美女的美丽，从姿容、服饰、神态、气息各方面，全方位、立体地进行细致的刻画，辞藻华丽，文采飞扬，但读来雅而不俗、婉而不媚，只有赏心悦目和深沉的思考。清人叶燮称赞此篇："植诗独《美女篇》可为汉魏压卷。"（《原诗·外篇下》）由此可知前人评价之高。

泰山梁甫行^①

八方各异气,千里殊风雨。^②

剧哉边海民,寄身于草墅。^③

妻子象禽兽,行止依林阻。^④

柴门何萧条,狐兔翔我宇。^⑤

【译注】

①乐府诗题,一作《梁甫行》,古辞已佚,《乐府诗集》收于《相和歌辞·楚调曲》。梁甫,泰山旁的小山。古曲是挽歌,本篇写边民生活的疾苦。

②〔八方各异气,千里殊风雨。〕八方风俗各不同,千里之外风雨异。八方,指东、西、南、北、东南、东北、西南、西北八个方向,泛指各地。异气,风俗不同。气,风气,风俗。殊风雨,风雨等气候有差异。

③〔剧哉边海民,寄身于草墅〕生活最难是边民,终年托身于荒野。剧,艰巨,艰难。边海民,边民。边海,指边远的地方。寄身,托身。草墅,野草丛生之地,即野外。墅,此同"野",一作"野"。

④〔妻子象禽兽,行止依林阻〕妻儿好像禽兽样,生活全在险阻处。妻子,妻子和儿女。象,通"像"。行止,行动的踪迹,此指生活。林阻,指山林险阻的地方。

⑤〔柴门何萧条,狐兔翔我宇〕柴门陋室多么萧条,狐兔游走于我房屋。柴门,用树枝编扎的简陋的门。翔,此指游走。宇,房屋。

【鉴赏】

据张可礼《三曹年谱》载,建安十二年(207)五月,曹操北征三郡乌桓,曹植从征;八月,曹操大败乌桓;九月,曹操引兵自柳城还。此间曹植作《泰山梁甫行》。此说可信。这一年曹植十六岁。一个自幼生长在王侯之家的少年,过的是锦衣玉食的生活,所见的是衣冠楚楚的人群,哪里知道世上还有"妻子象野兽"的百姓,所以在随军途中目睹边民生活的艰难,大发感慨,写诗表达自己的怜悯之心。

开篇两句为对偶句,泛写各地风俗不同。各地社会风气不同,如同风雨气候各异。这是社会和自然的普遍现象,为下面专写"边海民"提供了前提。以下六句写"边海民"的"异气"。

古人认为大地的四面是海,海在很远的地方。边海,即边远地区。这里的边远地区,当指曹操北征三郡乌桓途中所经过的偏僻的山区。"剧哉"二字是全诗的关键词,写边民"异气"紧扣这两个字。"剧哉边海民,寄身于草墅",总写边民之苦,他们托身于荒凉的草野之中。"妻子"四句,从两个方面具体写边民生活的艰苦。其一,妻儿如同禽兽,蓬头垢面,行走于山林险阻之地。其二,狐狸野兔在屋内游走,如入无人之境,可知住处的荒凉、萧条。此处写野兽出没,反衬人的生活的艰苦。

这首诗在表达上主要用的是白描手法。除了"妻子象禽兽"一句运用了比喻,其余七句均不加修饰,不加渲染,用最简练的笔墨,描画"边海民"的艰难生活。这种笔法,不细致,却传神,读后"边海民"的"剧哉"的生活在脑海中留下了深刻印象。

白马篇①

白马饰金羁,连翩西北驰。②
借问谁家子? 幽并游侠儿。③
少小去乡邑,扬声沙漠垂。④
宿昔秉良弓,楛矢何参差。⑤
控弦破左的,右发摧月支。⑥
仰手接飞猱,俯身散马蹄。⑦
狡捷过猴猿,勇剽若豹螭。⑧
边城多警急,虏骑数迁移。⑨
羽檄从北来,厉马登高堤。⑩
长驱蹈匈奴,左顾陵鲜卑。⑪
弃身锋刃端,性命安可怀?⑫
父母且不顾,何言子与妻!⑬
名在壮士籍,不得中顾私。⑭
捐躯赴国难,视死忽如归。⑮

【译注】

①乐府诗题,一名《游侠篇》,无古辞,系曹植模仿乐府形式创作,以首二字名篇,《乐府诗集》收于《杂曲歌辞·齐瑟行》。

②〔白马饰金羁(jī),连翩西北驰。〕白马戴着金黄的笼头,直向西北方飞驰而去。饰,装饰。金羁,金黄色的马笼头。连翩,连续飞翔的样子。

③〔借问谁家子? 幽并游侠儿。〕请问这是谁家子? 幽并之地游侠儿。幽并,古代两个州名。幽州,今北京市、河北北部、辽宁西南部等一带。并州,今内蒙古河套、山西中北部及河北保定一带。游侠,指古代轻生死、重信义、勇于排难解纷的豪爽交游的人。

④〔少小去乡邑,扬声沙漠垂。〕少小出门离家乡,名声远扬在边疆。去,离开。扬声,扬名。垂,同"陲",边陲,边疆。

⑤〔宿昔秉良弓,楛(hù)矢何参差。〕早晚良弓不离手,楛木之箭无数根。宿昔,早晚。秉,持。楛矢,用楛木作杆的箭。参差,长短不齐,此指数量多。

⑥〔控弦破左的,右发摧月支。〕持弓射破左面靶,对右发箭穿月支。控弦,持弓拉弦。的,射箭的靶子。摧,击穿。月支,一名素支,一种箭靶名。

⑦〔仰手接飞猱(náo),俯身散马蹄。〕举手迎射中飞猱,俯身射碎跑马蹄。仰手,手上举。接,迎射。飞猱,猿猴类动物,攀缘如飞,故称"飞猱"。一说,飞猱是一种箭靶子。散马蹄,

射碎箭靶。马蹄,一种箭靶子。

⑧〔狡捷过猴猿,勇剽(piāo)若豹螭。〕灵活敏捷超猴猿,勇敢剽悍如豹螭。狡捷,灵活敏捷。过,超过。剽,剽悍。螭,古代传说中有角的龙。

⑨〔边城多警急,虏骑数(shuò)迁移。〕边城形势多危急,虏骑数次来入侵。边城,靠近边境的城镇。警急,危急。虏骑,胡虏的骑兵,此处指匈奴、鲜卑的骑兵。胡虏,古代对北方少数民族的蔑称。数,屡次。迁移,此指入侵。

⑩〔羽檄(xí)从北来,厉马登高堤。〕羽檄军令从北来,扬鞭策马登高堤。羽檄,古代军事文书,插羽毛以示紧急,必须快速传递。厉马,策马。堤,堤防。

⑪〔长驱蹈匈奴,左顾陵鲜卑。〕长驱踏入平匈奴,回师击溃逐鲜卑。蹈,踏平,践踏。左顾,回顾,指回师。陵,攻打,压倒。

⑫〔弃身锋刃端,性命安可怀?〕舍弃身体于刀刃,性命哪里可顾惜?弃身,舍身。弃,一作"寄"。怀,怀念,顾惜。

⑬〔父母且不顾,何言子与妻!〕父母尚且顾不上,何谈顾及子与妻!且,尚且。顾,眷念。何言,何以言之。

⑭〔名在壮士籍,不得中顾私。〕名字列在壮士册,不能心中顾私事。中顾私,心中考虑个人的私事。

⑮〔捐躯赴国难,视死忽如归。〕决心献身赴国难,视死如同把家回。捐躯,献身。赴国难,此指抵御匈奴、鲜卑入侵。忽如,就像,如同。归,回家。

【鉴赏】

此篇应是曹植早期作品。诗人充满激情,饱蘸浓墨叙述了幽并游侠"仰手接飞猱,俯身散马蹄"的高超武艺,"长驱蹈匈奴,左顾陵鲜卑"的辉煌战绩,讴歌了游侠"弃身锋刃端,性命安可怀"的献身精神。曹植《求自试表》写道:"臣昔从先武皇帝,南极赤岸,东临沧海,西望玉门,北出玄塞。伏见所以行师用兵之势,可谓神妙也……每览史籍,观古忠臣义士,出一朝之命,以殉国家之难,身虽屠裂,而功勋著于景钟,名称垂于竹帛,未尝不拊心而叹息也。"仔细对比,乃知《白马篇》为诗人自比之作。诗人希望自己像幽并游侠那样,"捐躯赴国难,视死忽如归"。

此篇可以分为四个部分理解。首六句为第一部分,写幽并游侠的来历。曹植的诗起调极工,写人,却不见人,写呼啸而去的白马。白马又不同凡响,佩有金黄色的马笼头,此乃英雄的坐骑!白马风驰电掣地向敌虏所在西北方向飞奔。这是一个振奋人心的特写镜头,镜头闪过,再倒叙马上人的来历。英雄来自幽、并二州,从小就离开了家乡,在边塞早已大名远扬。"宿昔"八句为第二部分,写游侠高超的武艺。"宿昔秉良弓,楛矢何参差",概写游侠的形象,从早到晚,手不离弓,身背数支良箭,一副英姿飒爽的样子。以下四句具体细致地刻画游侠的武艺。"控弦""右发",可见箭法多变;"仰手""俯身"可知姿势变化无穷。"狡捷"二句是对游侠武艺总的极高的评价,敏捷超过猿猴,勇猛如同豹螭。"边城"六句为第三部分,诗人笔锋一转,写游侠的辉煌战果。形势紧迫,虏骑数次来犯。游侠毫不犹豫,扬鞭策马,冲锋在前。此处写辉煌的战果,用了两个动词:一个是"踏"。匈奴虽然十分强悍,却被游侠踩在脚下,显示了英雄勇往直前、所向披靡的气概。另一个动词是"陵"。匈奴都被踏平,鲜卑哪里在话下,游侠回师时轻松地将它摧毁。篇末八句为第四部分,写游侠高尚的内心世界。前四句写游侠"四不顾"品质,即不顾性命、不顾父母、不顾子女、不顾妻子,只顾英勇杀敌。最后四句点出游侠之所以舍生忘死,有崇高的精神支撑,这个崇高的精神就是"捐躯赴国难,视死忽如归"。

这首诗不仅思想内容具有积极意义,在语言表达上也很有艺术性:在叙事方面,全诗明显有汉乐府的特点,简单、明快,自然、朴素;在遣词炼字方面,又显示了汉末文人的匠心,注重准确、形象、精练、对仗,追求词采华茂。《白马篇》是曹植诗作中的名篇。

箜篌引①

置酒高殿上,亲友从我游。②
中厨办丰膳,烹羊宰肥牛。③
秦筝何慷慨,齐瑟和且柔。④
阳阿奏奇舞,京洛出名讴。⑤
乐饮过三爵,缓带倾庶羞。⑥
主称千金寿,宾奉万年酬。⑦
久要不可忘,薄终义所尤。⑧
谦谦君子德,磬折何所求?⑨
惊风飘白日,光景驰西流。⑩
盛时不再来,百年忽我遒。⑪
生存华屋处,零落归山丘。⑫
先民谁不死? 知命复何忧!⑬

【译注】

①此篇在《乐府诗集》中题为《野田黄雀行》,收于《相和歌辞·瑟调曲》。《文选》中此篇题为《箜篌引》。箜篌,一种乐器,体形曲而长,二十三弦。

②〔置酒高殿上,亲友从我游。〕酒宴设在大殿上,亲朋好友随我游。亲友,亲密的朋友。友,一作"交"。游,指宴会上的游乐。

③〔中厨办丰膳(shàn),烹(pēng)羊宰肥牛。〕厨房备办丰盛宴,烹饪羊肉宰肥牛。中厨,厨中,厨房内。丰膳,丰盛的饭菜。

④〔秦筝何慷慨,齐瑟和且柔。〕秦筝之音多慷慨,齐瑟声调和又柔。秦筝,似瑟的弦乐器,传为秦蒙恬所造,故名"秦筝"。齐瑟,齐地的瑟。瑟,弦乐器,有五十弦、二十五弦等,春秋时期齐都临淄多见此乐器,故名"齐瑟"。

⑤〔阳阿奏奇舞,京洛出名讴(ōu)。〕表演阳阿之奇舞,歌唱洛阳之名曲。阳阿,地名,在今山西晋城一带。奏,进献。京洛,指东汉京都洛阳。名讴,著名的歌曲。

⑥〔乐饮过三爵,缓带倾庶羞。〕畅饮美酒过三杯,松带尽享诸佳肴。爵,酒杯。缓带,松衣带。倾,尽。庶羞,多种美味佳肴。羞,通"馐"。

⑦〔主称千金寿,宾奉万年酬。〕主人赠客千金礼,客祝长寿以谢酬。称,举。寿,以金帛赠人表示敬意。奉,献。酬,答谢。

⑧〔久要不可忘,薄终义所尤。〕已有旧约不可忘,薄终失

信义不容。《论语·宪问》:"久要不忘平生之言,亦可以为成人矣。"久要,旧约,旧的誓约。薄终,轻视最终的行为。薄,看轻。尤,非难,指责。

⑨[谦谦君子德,磬(qìng)折何所求?]谦虚乃是君子德,磬折待人何所求? 谦谦,非常谦虚的样子。磬折,鞠躬屈身似磬,此指恭敬的样子。磬,古代的打击乐器。何所求,无所求。何所,一作"欲何"。

⑩[惊风飘白日,光景(yǐng)驰西流]疾风吹过白日落,时光如水向西流。惊风,疾风。光景,日光,亦指光阴、时光。景,同"影"。

⑪[盛时不再来,百年忽我遒(qiú)]人生壮年不再来,我之一生快到头。盛时,指人的青壮年。不再来,一作"不可再"。百年,一生。忽,形容迅速。遒,尽。

⑫[生存华屋处,零落归山丘]生时居住华屋处,死后归葬土山丘。华屋,华丽的房屋。零落,草木凋零,比喻死亡。

⑬[先民谁不死? 知命复何忧!]古人有谁不会死? 知晓天命又何忧! 先民,泛指古人。知命,此指懂得人皆有死的道理。

【鉴赏】

从诗的内容看,此篇当作于建安二十二年(217)曹操立曹丕为太子之前。未立太子时,曹丕、曹植各有一大帮支持者,支持立曹植为太子的有丁仪、丁廙、杨修、贾逵、王凌等。曹丕被立为太子后不久,为消除隐患,曹操便杀了杨修。建安二十五年(220),曹丕即皇帝位后立即诛杀丁仪、丁廙。曹植的主要支持者被清除后,达官贵人对曹植避之不及。诗中高朋满座、舞乐奢靡的盛大宴会不可能发生在曹丕即位之后。再者,曹丕即位当年,曹植就国临淄。按照当时朝廷立的规矩,诸侯不能轻易离开封地。即便曹植在封地宴请宾客,不会有诗中描绘的盛大场面,也不会在诗中出现"高殿"和"华屋"。曹丕被立为太子之前,曹植主要生活在魏都邺城。那一段时间,曹植备受曹操宠爱,亲朋趋之若鹜,是他一生中最美好的时光。此时举办这样的宴会,写出如此慷慨激昂的诗篇的可能性最大。

全诗可划分为两个部分。前十六句为第一部分,写酒宴的欢乐场面。"置酒"八句写菜肴的丰盛和音乐歌舞的高档。由"烹羊宰肥牛"可知厨中的繁忙和菜肴的充足;由"秦筝""齐瑟"可知乐器的名贵、音乐的华美;由"奇舞""名讴"可知舞蹈的迷人、乐曲的动听。"乐饮"四句写主宾称寿和奉酬,显示场面的欢乐,也为下面的议论作了铺垫。"久要"四句为对主宾互祝的评论。诗人含蓄地表达,亲友间贵在始终互相敬重,不必一时互相过分恭维。诗篇后八句为第二部分,写对生命的看法。人在最快乐、最兴奋的时候,有时会忽然产生一种莫名的恐惧心理,担心这快乐时光稍纵即逝。"惊风"六句感叹人生短暂,"盛时不再来"。毕竟曹植这时还年轻,处境也很优越,灵魂深处积极的一面很快压倒消极的一面。接下来"先民"二句,诗人提出"知命复何忧"的生命观。诗人清醒地客观地认识到,凡人皆有死,既然人都会死,何必担忧呢? 于是他决心正确地对待生命,勇敢地生活下去。诗人把这种信念化为诗句与亲友和世人共勉。这也是此篇最为闪光之处。

古人对《箜篌引》评价很高。梁代昭明太子萧统编的《文选》遴选曹植乐府诗四首,《箜篌引》列在第一位。清代叶燮《原诗·外篇下》中说:"植诗独《美女篇》可为汉魏压卷,《箜篌引》次之,余者语意俱平,无警绝处。"叶燮的评价不免极端,但对《箜篌引》评价很高,这一点和《文选》的选编者是一致的。《美女篇》贵在描写,"意致幽眇,含蓄隽永"(叶燮语)。《箜篌引》贵在议论,对生命的堂奥窥探极深。全诗二十四句,后十二句全是议论,层层挖掘,直至诗人完全醒悟为止。诗人由主宾过分称寿、奉酬场面,逆向思维,发出"久要不可忘,薄终义所尤"的感慨;由酒宴歌舞欢乐的场面,逆向思维,发出"盛时不再来,百年忽我遒"的感慨;再由时光流逝、人生易老的感慨,逆向思维,最终悟出"知命复何忧"的人生真谛。叶燮说《美女篇》描写"固是空千古绝作",笔者认为《箜篌引》中议论层层深入,环环相扣,思虑透彻,当属诗中少有。

名都篇①

名都多妖女，京洛出少年。②
宝剑直千金，被服丽且鲜。③
斗鸡东郊道，走马长楸间。④
驰骋未能半，双兔过我前。⑤
揽弓捷鸣镝，长驱上南山。⑥
左挽因右发，一纵两禽连。⑦
余巧未及展，仰手接飞鸢。⑧
观者咸称善，众工归我妍。⑨
我归宴平乐，美酒斗十千。⑩
脍鲤臇胎鰕，炮鳖炙熊蹯。⑪
鸣俦啸匹侣，列坐竟长筵。⑫
连翩击鞠壤，巧捷惟万端。⑬
白日西南驰，光景不可攀。⑭
云散还城邑，清晨复来还。⑮

【译注】

①乐府诗题,以首二字名篇,《乐府诗集》收于《杂曲歌辞·齐瑟行》,无古辞。

②〔名都多妖女,京洛出少年。〕著名都市多美女,京都洛阳出少年。名都,著名都市,此指洛阳等都市。妖女,艳丽的女子。京洛,京都洛阳。少年,此指生活豪纵的青少年。

③〔宝剑直千金,被服丽且鲜。〕少年宝剑值千金,服装华丽又鲜艳。直,同"值"。被服,服装。丽,华丽。鲜,鲜明。

④〔斗鸡东郊道,走马长楸(qiū)间。〕斗鸡选择东郊道,赛马来到长楸间。斗鸡,雄鸡斗架的游戏。走马,跑马,指赛马。走,跑。长楸间,道路两边种植楸树,道路很长,故称长楸间。楸,一种乔木。

⑤〔驰骋未能半,双兔过我前。〕赛马行程不过半,两只兔子过我前。驰骋,骑马快速奔跑。

⑥〔揽弓捷鸣镝(dí),长驱上南山。〕手持长弓取响箭,驱马追兔上南山。揽,把持。捷,抽取。鸣镝,响箭。

⑦〔左挽因右发,一纵两禽连。〕左手拉弓右发箭,一箭射去双兔穿。挽,拉,牵引。因,就,于是。纵,发射。

⑧〔余巧未及展,仰手接飞鸢(yuān)。〕其他箭法未及展现,举手射中空中飞鹰。余,其余的。展,施展,展现。仰手,举手。接,指迎头射击。鸢,老鹰。

⑨〔观者咸称善,众工归我妍。〕观者都说我箭法好,众人赞我功夫深。咸,都。善,好。众工,指射箭众人。归我妍,称

赞我射技好。

⑩〔我归宴平乐,美酒斗十千。〕归来设宴平乐观,美酒一斗价十千。我归,一作"归来"。平乐,汉代宫观名,汉高祖时始建,汉武帝时增修,在洛阳上林苑中未央宫北。斗,古代盛酒器。

⑪〔脍(kuài)鲤臇(juǎn)胎鰕,炮鳖炙熊蹯。〕细切鲤鱼煮鲊鱼,烧烤鳖鱼炙熊掌。脍,切得很细的肉,此作动词用。臇,汁少的肉羹,此作动词用。胎鰕,有子的鲊鱼。炮,烧烤。炮,一作"寒"。熊蹯,熊掌。

⑫〔鸣俦啸匹侣,列坐竟长筵。〕呼叫伙伴来入座,坐满长长的竹席。鸣、啸,呼唤。俦、匹侣,伙伴。竟,尽。长筵,长长的竹席。

⑬〔连翩击鞠壤,巧捷惟万端。〕接连不断击鞠壤,玩法灵巧万千种。连翩,连续不停。击鞠壤,击鞠和击壤,都是古代的游戏。鞠是毛球,用脚踢或用棒击。壤,一头宽一头尖的两块木片,玩时将其中一块放在三四十步远的地上,用另一块投击,击中获胜。巧捷,灵巧敏捷。惟,为,有。万端,指方法和花样很多。

⑭〔白日西南驰,光景不可攀。〕白日飞驰向西南,光阴一去不可留。光景,时光。攀,挽留。

⑮〔云散还城邑,清晨复来还。〕少年云散回城去,次日清晨又回还。云散,指少年如云散离开游乐场地。城邑,指洛阳城。复来还,指再来东郊、南山、平乐观等地。

【鉴赏】

关于此篇的写作时间,有两种观点。一种观点认为,此诗系作者的前期作品;另一种观点认为此诗作于魏明帝太和年间,属诗人的后期作品。从诗的内容看,此诗应该是诗人早期作品。诗篇对京洛少年射猎和游宴写得那么具体、细致、生动,没有亲身经历是写不出来的。诗人描写少年的奢靡生活,虽然略带讥讽、批评的意味,但主调是放纵、欢乐,痛快淋漓,传递出自我陶醉、自我欣赏的情绪。这种情绪,诗人只有在早期才可能具有。诗人后期由于阅历的变化,对社会的认识更加深刻,如果写京洛纨绔子弟,一定讥讽、批评更多,更加直白。诗人后期作品情感的基调是,因怀才不遇、报国无门而产生悲壮和愤愤不平情绪,诗中不会充满津津乐道、自我陶醉、自我欣赏的情绪。

开篇四句为第一部分,写京洛少年的形象。"妖女"作陪衬,引出"少年"。这里主要写少年的身份,佩带的宝剑价值千金,服装华丽,可知少年出身富贵。"斗鸡"十二句为第二部分,写少年射猎技艺高超:略显身手,"一纵两禽连","仰手接飞鸢",射猎之术由此可见一斑。最后,通过"观者""众工"的评价,烘托少年技艺的非凡。"我归"八句为第三部分,写游宴的欢乐。前四句写宴会规格之高,在大名鼎鼎的平乐观摆宴,美酒一斗价十千,菜肴全是难得一见的佳品。后四句写场面的欢乐。一声呼唤,偌大的长席坐满了宾客,击鞠、击壤,各展其艺,各显神通。篇末四句为第四部分,写这种游乐生活天天如此。

　　"白日西南驰，光景不可攀。云散还城邑，清晨复来还。"这是诗的最后四句，乍一看，十分平淡，甚至可有可无，有画蛇添足之嫌；细细品味，这四句四两拨千斤，在诗中的作用非同小可。如果去掉这四句，诗还是一首完整的诗，然而旨趣大相径庭，诗人只是向我们描绘出富贵少年箭技精湛、生活奢侈，如此而已。加了这四句，读者会觉得这群少年天天如此生活，太可惜、太无聊了！这群少年箭技高超，怎么天天荒废在游乐上，不能用来保家卫国吗？少年的才能得不到发挥是谁之过呢？读者能这样思考，诗的意境和价值就出来了。这四句就是本诗的诗眼，读者通过诗眼就能把握全诗的内涵。

闺　情①

揽衣出中闺，逍遥步两楹。②
闲房何寂寞，绿草被阶庭。③
空穴自生风，百鸟翔南征。④
春思安可忘？ 忧戚与君并。⑤
佳人在远道，妾身单且茕。⑥
欢会难再逢，芝兰不重荣。⑦
人皆弃旧爱，君岂若平生？⑧
寄松为女萝，依水如浮萍。⑨
赍身奉衿带，朝夕不堕倾。⑩
傥终顾盼恩，永副我中情。⑪

【译注】

①《玉台新咏》卷二将此诗列入《曹植杂诗五首》，此题从

《艺文类聚》。

②〔揽衣出中闺,逍遥步两楹(yíng)。〕手提衣裳出闺房,慢步行走两柱间。揽,执,持。中闺,闺中。闺,特指女子居住的内室。逍遥,缓慢行走的样子。楹,柱子。

③〔闲房何寂寞,绿草被阶庭。〕房屋空荡多寂寞,绿草覆盖满庭院。闲房,空房。被,覆盖。阶庭,台阶前的庭院。

④〔空穴自生风,百鸟翔南征。〕空旷房子自生风,百鸟飞翔向南行。空穴,空房。穴,一作"室"。南征,南行。

⑤〔春思安可忘?忧戚与君并。〕春思怎么可忘怀?忧虑悲伤与君同。春思,春日的思绪,指男女思恋。忧戚,忧虑悲伤。君,夫君。并,合一。

⑥〔佳人在远道,妾身单且茕(qióng)。〕夫君现今在远方,妾身孤单又寂寞。佳人,良人,夫君。茕,孤独。

⑦〔欢会难再逢,芝兰不重荣。〕欢乐相会难再遇,芝兰花谢不再开。逢,一作"遇"。芝兰,香草名。荣,花,此作动词用,开花。

⑧〔人皆弃旧爱,君岂若平生?〕常人都易抛旧爱,夫君难道不变心?平生,平素,指过去恩爱之时。

⑨〔寄松为女萝,依水如浮萍。〕寄居松树如女萝,依托清水如浮萍。为,如。女萝,松萝,地衣类植物,常寄生在松树上。

⑩〔赍(jī)身奉衿带,朝夕不堕倾。〕紧束身体系衣带,朝夕不坠不倾斜。赍身,托身。赍,一作"束"。奉,奉献,含恭敬意味,可解释为"系"。衿带,衣带。堕,坠落。倾,歪,斜。

⑪〔傥终顾盼恩，永副我中情。〕倘若终有眷顾恩，永远符合我衷情。傥，同"倘"，如果。终，始终。顾盼，眷顾，爱慕。副，符合。中情，隐藏在心中的情感。

【鉴赏】

"揽衣出中闺，逍遥步两楹。"开篇两句叙事，写思妇出闺房。从"逍遥"二字看出思妇生活闲散，无所事事。"闲房何寂寞，绿草被阶庭。"由叙事过渡到写景。"寂寞"二字顿使空荡荡的房子笼罩着孤独的气氛。绿草覆盖庭院，又使寂寞的环境增添凄凉的成分。庭院长草不长花，从侧面看出主人的心情。思妇哪里有心思装饰庭院、美化生活？由于情绪不佳，而任其杂草丛生、凉气袭人。这两句是静态的景物描写。"空穴自生风，百鸟翔南征。"此处景物描写由静态转入动态，写风和百鸟。空荡的房子有没有风，这感觉往往因人而异。一个忙忙碌碌、生活充实的人，或者一个心情愉快、万事如意的人，就感觉不到空房有风；相反，一个无事可做、生活空虚的人，或者一个内心充满忧伤、诸事不能如愿的人，就可能感到一切都在跟自己作对，空空的房子也会自生风。同样道理，对庭院上空经过的飞鸟，不是所有人都很敏感的。思妇看到南飞的百鸟，却深有感触，思考良多。这些静态和动态的景物描写，都烘托了思妇的忧伤和孤独。以上是此诗的第一部分，写思妇出闺及闺外的景物。

　　"春思"至诗末为第二部分，写思妇所思。思妇所思来自南飞的百鸟。鸟儿都能成双成对自由自在地向目的地飞去，而自己呢，整日只能独守空房打发时光，于是一股思绪如山谷中的泉水淙淙而下。"春思安可忘？忧戚与君并。"此处思妇首先想到的是与夫君在一起的岁月，那一段岁月有甜也有苦。心心相印的"春思"永远铭刻在心，后来产生的忧愁与悲伤使两人都尝尽了苦果。"佳人在远道，妾身单且茕。"于是由回忆往昔又回到现实，既担心远方的夫君，又怜惜孤单与寂寞的自己。想着想着，现实如一盆冰水从头淋到脚跟，思妇清醒地意识到："欢会难重逢，芝兰不重荣。"芝兰已经凋谢不可能二度绽放，夫君已经离自己而去，二人很难再度相逢。然而，绝望中还存有一丝侥幸的希望："人皆弃旧爱，君岂若平生？"夫君不像别人那样抛弃旧爱，还会像过去那样对我充满感情。倘若真有这份福气，一定要好生地表现一下，于是决心"寄松为女萝，依水如浮萍。赍身奉衿带，朝夕不堕倾"，思妇对未来充满甜蜜的幻想。思妇在幻想中也深知自己的底气不足，于是给自己坚定信心："傥终顾盼恩，永副我中情。"思妇知道自己在做美梦，但也不愿意戳穿自己的美梦，还希望梦想成真。全诗情节简单，描写仅淡淡几笔，笔墨主要用在展现主人公的内心世界上。满腔忧伤而又充满期盼、陷入深思不能自拔的思妇形象跃然纸上。

　　这首诗从内容分析，应属诗人后期作品，即作于曹丕称帝之后。在众多的兄弟中，曹植的文才最为突出，十多岁就诵读诗文数十万言，"言出为论，下笔成章"（晋·陈寿《三国志·陈思王植》),后来成为建安文学作家最杰出的代表。然而,在那安邦定国全凭武装力量的时代,曹植的理想还是统率千军万马为国家社稷效一己之力。由于曹操曾一度有立曹植为太子的打算,曹丕称帝后对曹植始终怀有猜忌之心,不可能对他委以重任。这样,曹植一直因怀才不遇、报国无门而处于忧伤和期望中。《闺情》一诗就是以文学的形式表达自己的心迹。诗中以思妇自况,以夫君喻君王,希望朝廷能理解自己、重用自己,从而在有生之年大展宏图。

此诗二十句,除了前六句是叙事写景,后面十四句全是心理描写。写思妇由怀念过去夫妻共同生活的甘苦,到对当下远方夫君的惦念,对自身孤苦的怜悯,再到对今后生活的怀疑、憧憬和幻想,如同抽丝剥茧,层层深入,把思妇内心缠绵悱恻的思想感情刻画得淋漓尽致。拿此篇与《美女篇》作比较,《美女篇》的成功主要在于对美女惟妙惟肖的形象描写,此篇的成功主要在于细致入微的心理刻画。

情　诗①

微阴翳阳景,清风飘我衣。②

游鱼潜渌水,翔鸟薄天飞。③

眇眇客行士,遥役不得归。④

始出严霜结,今来白露晞。⑤

游者叹《黍离》,处者歌《式微》。⑥

慷慨对嘉宾,凄怆内伤悲。⑦

【译注】

①选自《昭明文选》。《玉台新咏》收于《杂诗五首》,没有另题。

②〔微阴翳(yì)阳景,清风飘我衣。〕稀薄阴云遮阳光,阵阵清风吹我衣。微阴,稀薄的云彩。翳,遮掩。阳景,阳光。

③〔游鱼潜渌水,翔鸟薄(bó)天飞。〕游鱼潜入清水中,翔

鸟贴近蓝天飞。渌,清澈。一作"绿"。薄,迫近,靠近。

④〔眇眇(miǎo miǎo)客行士,遥役不得归。〕远道而来万里客,身服徭役不能归。眇眇,遥远。客行士,在路上奔波的人,此指征夫。遥,一作"徭"。徭役,古代官府向百姓摊派无偿劳动;亦称服徭役的人。

⑤〔始出严霜结,今来白露晞。〕始出家门寒霜结,今日归来白露晞。严霜结,结霜之时天气渐冷,此指秋冬之交。白露晞,白露干时天气温暖,此指春天。晞,干。

⑥〔游者叹《黍离》,处者歌《式微》。〕远行游子叹《黍离》,居家之人歌《式微》。《诗经·王风·黍离》:"彼黍离离,彼稷之苗。行迈靡靡,中心摇摇。知我者,谓我心忧,不知我者,谓我何求。悠悠苍天,此何人哉!"据《毛诗序》,东周大夫行役到陕西旧都,见宫室废墟长满禾黍,感慨而作诗。此诗"游者叹《黍离》"句表达了游者对家乡破败的感慨。《诗经·邶风·式微》:"式微,式微,胡不归? 微君之故,胡为乎中露?"据《毛诗序》,魏侯在卫国避难,臣属劝其归国,他有感而作诗。此诗"处者歌《式微》"句表达了家乡亲人希望游者早日回归的心愿。

⑦〔慷慨对嘉宾,凄怆内伤悲。〕慷慨激昂待嘉宾,凄凉悲伤在内心。凄怆,凄凉悲伤。

【鉴赏】

关于此篇的诗题,清代学者吴淇说:"凡情诗皆借闺房儿女之私,以写臣不得于君之思。子建此诗,旧注为忠君忧国之情,甚至以为不忘汉室,何其迂也。大抵子建平生,只为不得于文帝,常有忧生之嗟,因借遥役思归之情,以喻其忧谗畏讥,进退维谷之意。"(《六朝选诗定论》卷五)这个分析很有道理,"情诗"的"情",就是"遥役"(游者)思归之"情"。曹植以徭役自况,那么表达的就是回归到帝王曹丕身边之"情"。由此可知,此诗当作于曹丕即位之后,即魏文帝黄初年间。

"微阴翳阳景,清风飘我衣。"开篇两句寓情于景,既写了徭役思归时景色,又写了凉风袭人的感受。诗的开始就进入凄婉的氛围。然而,自然界的生灵,却与徭役的处境形成鲜明的对比:"游鱼潜渌水,翔鸟薄天飞。"通过对比,徭役的心情更加低沉。"眇眇客行士,遥役不得归。"徭役千里迢迢去服役,任务未完不准归。在那军阀混战的动乱年代,最遭殃的是底层百姓,一年到头有服不完的徭役。以上是第一部分,写游子思归之情。

诗的后六句为第二部分,写徭役回家后的感慨。"始出严霜结,今来白露晞。"此处首先感慨的是时光飞快,从家动身之时是严霜刚结的秋冬之交,回到家中已是白露已干的春天。"游者叹《黍离》,处者歌《式微》。"紧接着徭役发出更大的感慨,仅仅过去半年时间,故乡在战乱中变得如此荒凉破败!家乡的亲人也劝说徭役不要再外出奔波了,"游者""处者"都沉浸在伤感之中。即便如此,徭役还强打精神接待来宾:"慷慨对嘉宾,凄怆内伤悲。"徭役慷慨激昂的言谈,也掩盖不了内心的无限伤感。短短的六句三十字,把"游者""处者""嘉宾"声情并茂的场景描绘得栩栩如生,让人久久难以忘怀。

此诗巧妙地引用了《黍离》《式微》两篇的典故,从而丰富了诗句的内容,提高了诗句的文化品位,增强了诗句的表现力。

赋
选

洛神赋 有序①

黄初三年,余朝京师,还济洛川。②古人有言,斯水之神,名曰宓妃。③感宋玉对楚王说神女之事,遂作斯赋。④其词曰⑤:

余从京域,言归东藩。⑥背伊阙,越轘辕,经通谷,陵景山。⑦日既西倾,车殆马烦。⑧尔乃税驾乎蘅皋,秣驷乎芝田。⑨容与乎阳林,流眄乎洛川。⑩于是精移神骇,忽焉思散。⑪俯则未察,仰以殊观。⑫睹一丽人,于岩之畔。⑬

乃援御者而告之曰:"尔有觌于彼者乎?彼何人斯,若此之艳也!"⑭御者对曰:"臣闻河洛之神,名曰宓妃。然则君王之所见也,无乃是乎?其状若何?臣愿闻之。"⑮

余告之曰:其形也,翩若惊鸿,婉若游龙。⑯荣曜秋菊,华茂春松。⑰髣髴兮若轻云之蔽月,飘飖兮若流风之回雪。⑱远而望之,皎若太阳升朝霞;迫而察之,灼若芙蕖出渌波。⑲秾纤得衷,修短合度。⑳肩若削成,腰如约素。㉑延颈秀项,皓质呈露。㉒芳泽无加,铅华弗御。㉓云髻峨峨,修眉联娟。㉔丹唇外朗,皓齿内鲜。㉕明眸善睐,靥辅承权。㉖瑰姿艳逸,仪静体闲。㉗柔情绰态,媚于语言。㉘奇服旷世,骨像应图。㉙披罗衣之璀粲兮,珥瑶碧之华琚。㉚戴金翠之首饰,缀明珠以耀躯。㉛践远游之文履,曳雾绡之轻裾。㉜微幽兰之芳蔼兮,步踟蹰于山隅。㉝于是忽焉纵体,以遨以嬉。㉞左倚采旄,右荫桂旗。㉟攘皓腕于神浒兮,采湍濑之玄芝。㊱

余情悦其淑美兮,心振荡而不怡。㊲无良媒以接欢兮,托微波而通辞。㊳愿诚素之先达兮,解玉佩以要之。㊴嗟佳人之信修兮,羌习礼而明诗。㊵抗琼珶以和予兮,指潜渊而为期。㊶执眷眷之款实兮,惧斯灵之我欺。㊷感交甫之弃言兮,怅犹豫而狐疑。㊸收和颜而静志兮,申礼防以自持。㊹

于是洛灵感焉,徙倚彷徨。㊺神光离合,乍阴乍阳。㊻竦轻躯以鹤立,若将飞而未翔。㊼践椒涂之郁烈,步蘅薄而流芳。㊽超长吟以永慕兮,声哀厉而弥长。㊾

尔乃众灵杂遝,命俦啸侣。㊿或戏清流,或翔神渚。51或采明珠,或拾翠羽。52从南湘之二妃,携汉滨之游女。53叹匏瓜之无匹兮,咏牵牛之独处。54扬轻袿之猗靡兮,翳修袖以延伫。55体迅飞凫,飘忽若神。56陵波微步,罗袜生尘。57动无常则,若危若安。58进止难期,若往若还。59转眄流精,光润玉颜。60含辞未吐,气若幽兰。61华容婀娜,令我忘餐。62

于是屏翳收风,川后静波。63冯夷鸣鼓,女娲清歌。64腾文鱼以警乘,鸣玉鸾以偕逝。^㉕六龙俨其齐首,载云车之容裔。^㉖鲸鲵踊而夹毂,水禽翔而为卫。^㉗于是越北沚,过南冈。^㉘纡素领,回清扬。^㉙动朱唇以徐言,陈交接之大纲。^㉚恨人神之道殊兮,怨盛年之莫当。^㉛抗罗袂以掩涕兮,泪流襟之浪浪。^㉜悼良会之永绝兮,哀一逝而异乡。^㉝无微情以效爱兮,献江南之明珰。^㉞虽潜处于太阴,长寄心于君王。^㉟忽不悟其所舍,怅神宵而蔽光。^㊱

于是背下陵高,足往神留。^㊲遗情想像,顾望怀愁。^㊳冀灵体之复形,御轻舟而上溯。^㊴浮长川而忘反,思绵绵而增慕。^㊵夜耿耿而不寐,沾繁霜而至曙。^㊶命仆夫而就驾,吾将归乎东路。^㊷揽騑辔以抗策,怅盘桓而不能去。^㊸

【译注】

①洛神,洛水女神,即宓(fú)妃。神话传说为伏羲女,溺死于洛水,遂为洛水之神。

②〔黄初三年,余朝(cháo)京师,还(huán)济洛川。〕黄初三年(222),我到京都朝拜,回封地渡洛水。朝,下见上,拜见。济,渡,过河。洛川,即洛水,亦称"洛河",源出陕西,流入河南,经过洛阳,汇入黄河。

③〔古人有言,斯水之神,名曰宓妃。〕古人曾说,洛川的水神,名叫宓妃。斯,这。

④〔感宋玉对楚王说神女之事,遂作斯赋。〕有感于宋玉对

楚襄王所说的神女的事,于是写了这篇赋。宋玉,战国时期屈原之后的著名楚辞作家。神女之事,指宋玉在《高唐赋》《神女赋》中写的关于巫山神女的事。

⑤〔其词曰〕赋的文辞为。

⑥〔余从京域,言归东藩。〕我从京城出发,回东方的藩国。京域,指洛阳。言,语气助词。东藩,指曹植的封地鄄城,位置在洛阳东北,故称"东藩"。藩,藩国,诸侯的封地。

⑦〔背伊阙(què),越辕辕(huán yuán),经通谷,陵景山。〕离开伊阙,横越辕辕,经过通谷,登上景山。背,背离。伊阙,山名,又名"龙门山""阙塞山",在今河南洛阳南。辕辕,山名,在今河南偃师东南。通谷,谷名,在今河南洛阳东南。陵,登。景山,山名,在今河南偃师南。

⑧〔日既西倾,车殆马烦。〕日已西斜,人困马乏。既,已经。倾,倾斜。车殆,指驾车的人懈怠。殆,通"怠"。马烦,指拉车的马疲乏不堪。

⑨〔尔乃税(tuō)驾乎蘅皋(gāo),秣驷(mò sì)乎芝田。〕于是解马停车于生长香草杜蘅的河岸,喂马于种植芝草的田野。尔乃,于是。税驾,解马卸车。税,通"脱",解脱。蘅皋,生长香草杜蘅的水边的高地。蘅,杜蘅,一种香草。皋,岸。秣驷,喂马。秣,喂牲口。驷,同驾一辆车的四匹马,此指马。芝田,长芝草的田地。

⑩〔容与乎阳林,流眄(miǎn)乎洛川。〕信步徜徉于阳林,在洛河上四处张望。容与,悠闲自得的样子,此指从容散步。

阳林,一作"杨林"。流眄,四处张望。眄,一作"盼"。

⑪〔于是精移神骇(hài),忽焉思散。〕于是感到精神恍惚,忽然思绪涣散。移,改变。骇,惊吓。忽,忽然。

⑫〔俯则未察,仰以殊观。〕俯首向下未看清,举首向上见奇观。俯,低头,脸向下。察,仔细看。仰,抬头,脸向上。殊观,奇观,特殊景象。

⑬〔睹一丽人,于岩之畔。〕看见一位美貌的女子,立于山崖之边。丽人,美女。畔,旁边。

⑭〔乃援御者而告之曰:"尔有觌(dí)于彼者乎?彼何人斯,若此之艳也!"〕于是拉着驾车的仆人对他说:"你看到那个人了吗?那是什么人,如此的丰满美丽!"援,拉。御者,驾车的人。觌,见。斯,语气助词。艳,丰满而色彩鲜明。

⑮〔御者对曰:"臣闻河洛之神,名曰宓妃。然则君王之所见也,无乃是乎?其状若何?臣愿闻之。"〕车夫回答道:"我听说是洛河的河神,名字叫宓妃。既然这样,那么您所看到的,恐怕就是宓妃?她的模样长什么样?我想听听。"君王,对天子或诸侯的尊称。无乃,莫非,恐怕,只怕。状,形状,模样。

⑯〔余告之曰:其形也,翩若惊鸿,婉若游龙。〕我告诉他说:美人的形态,似疾飞的鸿雁,又似柔美的游龙。翩,鸟飞翔的样子。惊鸿,惊飞的鸿雁。鸿,大雁。婉,柔顺。

⑰〔荣曜(yào)秋菊,华茂春松。〕光彩照人如秋菊,华美丰满如春松。荣曜,繁荣鲜艳。华茂,华美茂盛,指体态美丽丰满。

⑱〔髣髴(fǎng fú)兮若轻云之蔽月,飘飖兮若流风之回雪。〕她的身影时隐时现,如同薄云遮挡了明月,又轻盈飘逸如同那流风旋雪。髣髴,同"仿佛",好像,似乎。回,旋转。

⑲〔远而望之,皎若太阳升朝霞;迫而察之,灼若芙蕖(qú)出渌(lù)波。〕远远望她,皎洁得如同朝霞里升起的一轮太阳;走近细看她,鲜艳得如同一支伸出清澈的水波的芙蓉。皎,洁白,明亮。迫,接近。灼,鲜明。芙蕖,荷花的别称。渌,水清的意思。

⑳〔秾纤(nóng xiān)得衷,修短合度。〕她的身材肥瘦正好,高矮适中。秾纤,肥瘦。秾,肥。纤,细瘦。得衷,合适,正好。衷,一作"中"。修短,高矮。修,长。合度,合乎尺度,适宜。

㉑〔肩若削成,腰如约素。〕肩似刀削一般,下倾而圆润;腰肢圆细柔软,宛如紧束的白绢。削成,指肩的斜度偏大,即削肩,又称"溜肩""美人肩"。约素,如同紧束的白绢。约,缠束。素,白色的生绢。

㉒〔延颈秀项,皓质呈露。〕脖子长而秀美,显露出白皙的肌肤。延,长。颈、项,脖子。颈,脖子的前部。项,脖子的后部。皓质,洁白的质地。呈,显。

㉓〔芳泽无加,铅华弗御。〕香脂不施,粉墨不用。芳泽,化妆用的油脂。铅华,化妆用的铅粉。御,用。

㉔〔云髻(jì)峨峨,修眉联娟。〕如云的发髻巍峨耸立,修长的眉毛纤细而弯弯。云髻,云形的发髻。髻,在头顶或脑后盘

成各种样子的头发。峨峨，高耸貌。联娟，纤细而弯曲。

㉕〔丹唇外朗，皓齿内鲜。〕外露鲜红的嘴唇，内显雪白的牙齿。丹，红色。外朗，外露。朗，明亮。内鲜，指口内的牙齿亮白。

㉖〔明眸（móu）善睐（lài），靥（yè）辅承权。〕明亮的眼睛顾盼多情，颧骨下出现甜甜的酒窝。眸，眸子，本指瞳仁，泛指眼睛。睐，向旁边看。靥辅，一作"辅靥"，颊边微窝，俗称"酒窝"。靥，酒窝。辅，面颊。承权，指酒窝在颧骨下面。承，承接。权，通"颧"，颧骨。

㉗〔瓌（guī）姿艳逸，仪静体闲。〕身段优美飘逸，仪表文静，体态娴雅。瓌，同"瑰"，珍奇，美丽。艳逸，美丽飘逸。仪，外表。闲，同"娴"，娴雅。

㉘〔柔情绰态，媚于语言。〕柔情似水，体态轻盈，说话时妩媚动人。绰态，婉约的姿态。绰，轻盈。媚，美好，可爱。

㉙〔奇服旷世，骨像应图。〕奇异的服装从未见过，骨骼相貌全然是神仙。旷世，世上没有。骨像，骨相，骨骼相貌。应图，指与相书上的骨相图相符。

㉚〔披罗衣之璀粲兮，珥（ěr）瑶碧之华琚（jū）。〕身披鲜明亮丽的罗衣，佩戴华丽的玉佩。璀粲，光彩鲜明。珥，插，此指佩戴。瑶碧，美玉。华琚，有花纹的玉佩，此指瑶碧的精美华丽。

㉛〔戴金翠之首饰，缀明珠以耀躯。〕头上戴着金与翠制的首饰，身上连缀着明珠光彩照人。翠，翡翠。缀，装饰。

㉜〔践远游之文履,曳(yè)雾绡之轻裾。〕脚踏远游绣花鞋,拖曳着薄雾般的轻纱裾。践,穿着。远游,鞋名。文履,绣花的鞋。曳,拖。雾绡,像雾似的轻纱。裾,衣服的前后部分。

㉝〔微幽兰之芳蔼兮,步踟蹰于山隅。〕隐身于芳香浓郁的兰花丛中,徘徊在山的角落。微,隐。幽兰,兰花。芳蔼,芳香而繁盛。踟蹰,徘徊。山隅,山角。

㉞〔于是忽焉纵体,以遨以嬉。〕于是又轻举身体,遨游嬉戏。纵体,肢体轻举。遨,游。

㉟〔左倚采旄(máo),右荫桂旗。〕向左依偎着旄牛尾装饰旗杆的彩旗,向右又隐藏在桂木做杆的旗帜后面。采旄,彩旗。采,同"彩"。旄,旄牛尾,用作旗杆上的装饰品。荫,阴蔽,隐藏。桂旗,用桂树做旗杆的旗帜。

㊱〔攘(ráng)皓腕于神浒兮,采湍濑(tuān lài)之玄芝。〕在神水边捋出洁白的手腕,在急流处采摘黑灵芝。攘,捋起。浒,水边。湍濑,指水浅流急处。玄芝,黑灵芝,灵芝的一种。

㊲〔余情悦其淑美兮,心振荡而不怡。〕她的美丽使我十分喜悦,心灵受到很大震荡而心绪不宁。淑美,贤淑美丽,亦偏指美丽。不怡,不快乐,指恐对方不理解而产生的不愉快。

㊳〔无良媒以接欢兮,托微波而通辞。〕苦于无良媒替我接通欢爱之情啊,只得托水上的微波传送言辞。接欢,沟通欢爱之情。微波,轻微的水波,一说指目光。

㊴〔愿诚素之先达兮,解玉佩以要之。〕我希望最先向美人表达真情啊,连忙解下玉佩相送,以作为约定的信物。诚素,诚

愫,真情实意。素,通"愫",真情。先达,言赶快在他人之前表达心意。要,约。

㊵〔嗟佳人之信修兮,羌(qiāng)习礼而明诗。〕佳人实在太完美啊,既贤淑知礼而又饱读诗书、善于言辞。嗟,叹词,表示叹息。信,确实。修,美好。羌,发语词,无实义。习礼,习知礼法。明诗,知晓《诗经》内容,此指有文化素养,有口才。

㊶〔抗琼珶(qióng dì)以和(hè)予兮,指潜渊而为期。〕佳人举起美玉应和我,指着深渊而约定在那儿相会。抗,举。琼珶,美玉,即玉佩。和,应和。潜渊,深渊,指洛神所居住的水的深处。

㊷〔执眷眷之款实兮,惧斯灵之我欺。〕我怀着依依难舍的真诚的心意啊,十分惧怕洛神欺骗我。执,持,指怀着。眷眷,依依不舍。款实,诚实。斯灵,指洛神。

㊸〔感交甫之弃言兮,怅犹豫而狐疑。〕有感于郑交甫遭女背弃信言啊,心情惆怅而拿不定主意。交甫,郑交甫。传说有个叫郑交甫的人,游于江滨,见一女子,不知何人,遂注视着她。女子解下玉佩送给他。郑交甫收下玉佩,行走数步后,怀中的玉佩不翼而飞,再一看那女子也不见踪影。弃言,指郑交甫遇到的女子背弃自己说的话。狐疑,犹豫不决。

㊹〔收和颜而静志兮,申礼防以自持。〕收起喜悦的面孔稳定情绪啊,守起礼法而又矜持自重。收,收敛。和颜,和悦的面孔。静志,使情绪安定。申,重复。礼防,用礼法约束。防,防备,约束。自持,自我克制,保持一定的操守。

㊺〔于是洛灵感焉,徙(xǐ)倚彷徨。〕于是洛神为此深受感动,犹豫不决。徙倚,来回地走。彷徨,犹豫不决的样子。

㊻〔神光离合,乍阴乍阳。〕洛神的身影若隐若现,一会儿暗一会儿明。神光,灵光,指洛神的身影。离合,散聚,意若隐若现。阴、阳,暗和明。

㊼〔竦(sǒng)轻躯以鹤立,若将飞而未翔。〕挺直轻盈的身子而鹤立,似将飞而未翔。竦,同"耸",直立。轻躯,轻盈的身躯。鹤立,像鹤一样站着。

㊽〔践椒涂之郁烈,步蘅薄而流芳。〕踏着香味浓郁的花椒路,走在芳香扑鼻的杜蘅丛生之地。椒,花椒。涂,同"途",路。郁烈,指香味浓郁强烈。蘅薄,杜蘅丛生的地方。薄,草丛生。流芳,香气流动。

㊾〔超长吟以永慕兮,声哀厉而弥长。〕怅然长吟而抒发终生爱慕之情啊,声调十分凄厉而悠长。超,惆怅迷惘。永慕,长久思念。厉,猛烈。弥长,久长。

㊿〔尔乃众灵杂遝(tà),命俦啸侣。〕于是众神灵纷至沓来,到处寻找伴侣。众灵,众神灵。杂遝,众多杂乱的样子。俦,终身伴侣。

51〔或戏清流,或翔神渚(zhǔ)。〕有的在清澈的河水中嬉戏,有的在小洲之上飞翔。或,有的。渚,水中小块陆地。

52〔或采明珠,或拾翠羽。〕有的在采珍珠,有的在拾翠鸟的羽毛。明珠,珍珠。翠羽,翠鸟的羽毛。

53〔从南湘之二妃,携汉滨之游女。〕跟随的有南方湘水的娥皇、女英二位女神，随从的还有汉水女神。从，跟随，跟从。南湘之二妃，湘水女神。相传尧有两个女儿叫娥皇和女英，同为舜之妃。舜南巡死于苍梧。二妃寻夫不得投水而死，遂化为女神。携，携带，此指随从。汉滨之游女，此指汉水女神。

(54)〔叹匏(páo)瓜之无匹兮，咏牵牛之独处。〕感叹匏瓜没有伴侣啊，惋惜牵牛独处天河一边。匏瓜，星名，一名天鸡，在河鼓星东，不与其他星相接。牵牛，星名，与织女星隔天河相望。

(55)〔扬轻袿(guī)之猗靡兮，翳修袖以延伫。〕微风掀起她那轻柔飘逸的上衣啊，她久久伫立用长袖挡光而远眺。袿，女子上衣。猗靡，随风飘拂的样子。翳，遮蔽。修，长。延伫，久立。

(56)〔体迅飞凫(fú)，飘忽若神。〕她的身体敏捷得如同飞鸭，轻盈飘忽神奇莫测。迅，敏捷。凫，野鸭。若神，在诗人眼里洛神已经亲近为人，此时又感到超乎认知的神奇。

(57)〔陵波微步，罗袜生尘。〕她登着水波轻步而行，罗袜下溅起的水珠如同扬起的灰尘。陵，登上。微步，轻步，缓步。罗袜，丝绸织的袜子。

(58)〔动无常则，若危若安。〕她的动作没有一定的规则，一会儿危险，一会儿安全。则，规则。若，或。

(59)〔进止难期，若往若还。〕是前进还是停止很难预料，一会儿离去，一会儿回还。期，预知，料想。

(60)〔转眄流精，光润玉颜。〕她的眼睛不停地转动，目光四射,容颜如同玉一样光泽温润。转眄,转动眼睛看。流精,流露出神采。光润,光滑润泽。

○61〔含辞未吐,气若幽兰。〕心里有话要说而未说出,口中散发出幽兰花一样的芳香。辞,言语。气,气息。

○62〔华容婀娜(ē nuó),令我忘餐。〕女神容貌美丽身姿婀娜,令我见而忘餐。华容,华丽的容貌。婀娜,轻盈柔美。

○63〔于是屏翳收风,川后静波。〕此时风神收起了风,河神使水面平静下来。屏翳,传说中的神名,此指风神。川后,传说中的河神。

○64〔冯(píng)夷鸣鼓,女娲(wā)清歌。〕冯夷擂起鼓,女娲唱起清亮的歌。冯夷,河伯,水神。女娲,水神名。

○65〔腾文鱼以警乘,鸣玉鸾(luán)以偕逝。〕文鱼腾起为洛神的车乘警卫,玉铃鸣响,众神一起离去。腾,升。文鱼,传说中身上有纹有翅能飞的鱼。警乘,指警戒车乘。警,一作"惊"。玉鸾,玉石制作的鸾鸟形状的车铃。偕,一起。

○66〔六龙俨其齐首,载云车之容裔(yì)。〕驾车的六条龙庄重地齐头并进,洛神乘的云车舒缓安适地前行。俨,庄重整齐的样子。齐首,六龙排列整齐,齐头并进。载,句首语气助词。容裔,舒缓自得的样子。

○67〔鲸鲵(ní)踊而夹毂,水禽翔而为卫。〕鲸鱼从水中跳出在云车两边护行,水鸟飞翔于空中作为护卫。鲸鲵,鲸鱼。雄为鲸,雌为鲵。踊,往上跳。毂,车轮中心的圆孔,其处可插车轴,此指车。

㊻〔于是越北沚，过南冈。〕这时候洛神越过北面的小洲、南面的山冈。沚，水中的小块陆地。冈，山脊，山梁。

㊼〔纡素领，回清扬。〕转过白皙的颈项，掉转清秀而美丽的眉目。纡，回头。素领，白皙的颈项。清扬，清秀的眉目。扬，一作"阳"。

㊺〔动朱唇以徐言，陈交接之大纲。〕启动朱唇而慢慢道来，陈述人神交往的大道理。陈，叙述。交接，结交，交往。大纲，大道理。纲，纲常礼法。

㊿〔恨人神之道殊兮，怨盛年之莫当。〕怨恨人神交往之道有别啊，埋怨男女盛年不能满足心愿。殊，不同。莫当，不合适，喻不能如愿。

⓻〔抗罗袂（mèi）以掩涕兮，泪流襟之浪浪。〕举起罗衣袖子掩面流泪啊，泪水哗哗落在衣襟上。罗袂，罗衣的袖子。掩涕，遮住面孔流泪。浪浪，泪流不断的样子。

⓼〔悼良会之永绝兮，哀一逝而异乡。〕悲伤这次人神良会不可能再有啊，哀叹自此一去永远各在一方。悼，悲伤。良会，美好的聚会。逝，过去。异乡，外乡，外地。

⓽〔无微情以效爱兮，献江南之明珰（dāng）。〕不曾以微情来表示爱意啊，于是献上江南的明珰。无，不。微情，微末的心情。效爱，表示爱慕之情。明珰，用珠玉串成的耳饰。

⓾〔虽潜处于太阴，长寄心于君王。〕今后虽然深居在太阴，但一定经常想念君王。太阴，众神之所居处，此指洛神居住处。君王，世袭体制的王国对统治者的尊称，此处是洛神对曹

植的称呼。

⑦⑥〔忽不悟其所舍,怅神宵而蔽光。〕忽然不知洛神去了哪里,她的消失使我十分怅惘。不悟,不了解。舍,止。宵,通"消",消化。蔽光,隐没光彩。

⑦⑦〔于是背下陵高,足往神留。〕于是从低下的地方登上高处,脚向前走,心神还留在那里。陵,登。

⑦⑧〔遗情想像,顾望怀愁。〕留下的爱恋之情萦绕心头,回望来处心怀凄恻。遗,留下。像,同"象"。

⑦⑨〔冀灵体之复形,御轻舟而上溯(sù)。〕希望洛神再次出现,我驾着轻舟逆流而上。冀,希望。灵体,神体,洛神。复形,再现身。御,驾驶。上溯,沿水逆流向上。

⑧⑩〔浮长川而忘反,思绵绵而增慕。〕在长长的洛水上行驶而忘记返回,思绪绵绵更加思慕。长川,长的河流,指洛水。反,通"返"。绵绵,形容连续不断的样子。

⑧①〔夜耿耿(gěng gěng)而不寐,沾繁霜而至曙。〕夜晚心绪不宁无法入睡,身上结浓霜直到天明。耿耿,心神不定。沾,浸湿。

⑧②〔命仆夫而就驾,吾将归乎东路。〕吩咐车夫准备驾车,我将东归封地。就驾,将马套上车辕上路。东路,指向东返回封地鄄城之路。

⑧③〔揽𬴂(fēi)辔以抗策,怅盘桓而不能去。〕车夫拉起缰绳举起鞭,怅然徘徊而不能离开。𬴂,驾在车辕两边的马。辔,驭使牲口用的嚼子和缰绳。抗策,举鞭。盘桓,徘徊,逗留。

【鉴赏】

诗人在序里交代了《洛神赋》写作的缘起。黄初三年（222），诗人朝京师后向东回封地，途经洛水时受宋玉《神女赋》的启迪创作了这篇赋。《神女赋》讲述了巫山神女与楚襄王的爱情故事。赋里描写了神女的容貌与情态，写她"其象无双，其美无极。毛嫱鄣袂，不足程式。西施掩面，比之无色"。然后写神女想和楚王亲近，但由于受礼法的约束，忽然又"立踯躅而不安"，要"怀贞亮之清兮"，和楚王保持距离。然而，神女毕竟是爱恋楚王的，虽然没有与楚王同床共枕，却向楚王奉献了一颗痴情的心。最后写神女和楚王痛苦离别，楚王"情独私怀，谁者可语？惆怅垂涕，求之至曙"。曹植的《洛神赋》虽然受了《神女赋》的影响，但与《神女赋》比较，《洛神赋》对神女的描写更为细腻、生动，场面叙述更为宏大、壮阔，神女的形象更为饱满、鲜明，故事情节更为复杂、曲折，青出于蓝而胜于蓝。

全赋可分为六个部分。篇首至"臣愿闻之"为第一部分，写诗人归藩途中见到洛神。"余从京域"至"于岩之畔"写诗人的行踪和见到洛神之前的情景，即写什么时候、什么情况下见到洛神，为洛神的登场营造气氛。"于是精移神骇，忽焉思散。俯则未察，仰以殊观。"此处极力烘托神秘的色彩。"睹一丽人，于岩之畔。"写神奇的人在神奇的地方神奇地出现。神女的凭空出现，震人心魄。"乃援御者"至段末写诗人和御者的对话。对话交代了洛神的身世，这一段的记叙为洛神的登场作铺垫。

"余告之曰"至"采湍濑之玄芝"为第二部分,写洛神美丽的形象。"其形"十一句总写洛神。一连用了八个比喻,把洛神比作惊鸿、游龙、秋菊、春松、"轻云之蔽月"、"流风之回雪"、"太阳升朝霞"、"芙蕖出渌波",每个比喻都十分形象、逼真,给人以神奇的想象。八个比喻连用,让读者目不暇接,心难多用,似乎身处无数个神女构成的魔幻境界,自己也飘飘欲仙了。"秾纤"六句写洛神的身材。洛神不胖不瘦,不高不矮,肩、腰、颈、项关键部位"皓质呈露",堪称完美。"芳泽"二句写洛神不施粉黛,天生丽质。"云髻"六句写云髻、修眉、丹唇、皓齿、明眸、靥辅,刻画精致、细腻,给人以具体而深刻的印象,似乎让读者能在众神中一眼就认出洛神来。"瓌姿"四句写洛神的神态,用了"艳""逸""静""闲""柔""绰"六个形容词,强调洛神姿态飘逸,仪态文静,举止娴雅,柔情如水,媚于语言。从有形写到无形,从躯体写到精神。"奇服"八句写洛神的服饰。其中一、二两句概括地写洛神的穿戴与图中一模一样。下面六句具体写洛神的穿衣和佩戴的首饰,全身上下珠光宝气、华贵无比。天生丽质突出洛神的美丽,奇服旷世突出洛神的高贵。"微幽兰"八句写洛神的活动。本段前面主要写洛神的静态美,这八句主要展现洛神的动态美。写动态美描绘了四个画面,每个画面都令人神往。"微幽兰之芳蔼兮,步踟蹰于山隅。"这两句描写了洛神自由自在的画面。"于是忽焉纵体,以遨以嬉。""左倚采旄,右荫桂旗。"这四句描写了洛神可爱好动的画面。"攘皓腕于神浒兮,采湍濑之玄芝。"这两句描写了洛神的聪明与勇敢。这一部分写洛神从总的概括到具体描写,从身材到面容,从体态到神态,从身体到服饰,从静态到动态,全方位多层次、细腻地刻画了洛神,一位鲜活美丽、柔情娴雅、服饰高贵、聪明勇敢的少女形象跃然纸上。这一段文字在全赋中最为精彩,显示出作者在塑造美女形象上有独特的创造能力。

“余情悦其淑美兮”至“声哀厉而弥长”为第三部分,写诗人和洛神两情相悦。“余情”十六句写诗人对洛神的爱慕。首先诉说由于爱得深而心绪震荡不宁,无良媒传信而托水波通辞,为了表达诚心而解玉佩相约。接着陈述爱慕洛神的理由,洛神实在太完美了,不仅艳丽绝伦,而且贤淑知礼、通晓诗书。最后写洛神答应了诗人的请求,相约“潜渊而为期”。然而诗人还不十分放心,生怕洛神违约,经过一番自我安慰最后才“收和颜而静志兮,申礼防以自持”。诗人对爱慕心理剖析得细微透彻、入木三分。“于是”十句写洛神的感动和倾心。由于诗人痴迷地追求,“于是洛灵感焉,徙倚彷徨”。洛神明白人神不可爱,所以又“神光离合,乍阴乍阳”。由于追求者爱得太深,自己又倾心接受,因而勇气又起,不想离开,“竦轻躯以鹤立,若将飞而未翔”。顷刻,洛神情绪稍定,“践椒涂之郁烈,步蘅薄而流芳”,完全坠入爱河,沉浸在甜蜜的幻想之中。然而,洛神深知天规不可违,于是又“超长吟以永慕兮,声哀厉而弥长”。洛神的内心极为复杂,既尝试到爱情的甜蜜,又认识到天规不可违而忧虑恐惧,情感跌宕起伏,喜忧互见。这一段人神相爱描写曲折细腻,极力讴歌了爱情的美好和圣洁。

"尔乃众灵杂遝"至"令我忘餐"为第四部分,写众神的欢乐和洛神的苦闷。首先概述众神欢乐杂乱的场景,然后具体写神灵各得其乐,有的戏水,有的飞翔,有的采明珠,有的拾鸟羽。为了增强真实感,赋中还罗列了一些神灵的名字。写众神的欢乐是为了反衬洛神的苦闷与忧愁。写洛神重点突出她的"动无常则,若危若安",表达洛神的内心忧伤。近距离地接触,洛神美丽的容颜、超凡脱俗的气质,再一次令人震撼:"转眄流精,光润玉颜。含辞未吐,气若幽兰。华容婀娜,令我忘餐。"

"于是屏翳收风"至"怅神宵而蔽光"为第五部分,写因人神道殊,洛神只能怅然离去。首先写洛神回归盛大的阵势,风神收起风,水神收起波,河伯擂起鼓,女娲唱起歌,文鱼为洛神警卫,六龙驾车齐头并进,洛神所乘的云车缓缓前行。这些描写强调了洛神的高贵和神圣,也表达了诗人的崇敬和爱慕之情。然后写洛神依依不舍的情形。"纡素领,回清扬",可见洛神与诗人难分难舍的情态。"动朱唇以徐言,陈交接之大纲",表达洛神离开纯属无奈。"恨人神之道殊兮,怨盛年之莫当",由无奈到怨恨,表达了洛神一定的反抗精神。最后写洛神"献江南之明珰",并"长寄心于君王",表达了洛神对爱情的忠贞、执着。

"于是背下陵高"至赋末为第六部分,写洛神离开后诗人的感受。"夜耿耿而不寐,沾繁霜而至曙。"洛神的离开对诗人来说是撕心裂肺的痛苦,诗人分分秒秒都备受煎熬。诗人刻骨铭心的爱也反衬了洛神的美丽、高贵与圣洁。

　　《洛神赋》是曹植抒情小赋的代表作,在文学史上也是赋中的名篇。这篇赋在文学创作上艺术特点之一是想象丰富,由巫山神女想到洛川水神,由巫山神女和楚王的爱情纠葛,想到自己和洛神相遇相爱,又不得不忍痛分开,熔铸神话题材,通过梦幻境界,展现了一幅奇异的图画。读者明明知道是故事,却被故事中的人物和情节深深吸引,可见诗人丰富的想象产生了巨大的魅力。这篇赋艺术特点之二是辞藻流丽,即钟嵘《诗品》所说的曹植的诗"词采华茂"。诗人遴选优美典雅的辞藻,运用比喻、对仗、排比等手法叙述、描写、抒情,读来让人满眼生辉,有痛快淋漓之感。虽然感觉到诗人遣词造句在追求典雅,却没有浮华、堆砌之嫌,抒情小赋的特长在诗人笔下得到充分的体现。这篇赋在文学创作上的另一艺术特点是描写细腻。赋中描写洛神的形象,无论是写她的容颜、服饰,还是写她的神态、气息,都是用极其细腻的笔触,精描细画,创作的形象栩栩如生。作者不仅在形象描写上精雕细刻,而且细致地描绘出洛神感情跌宕起伏的缠绵复杂的内心世界。诗人笔下的美女,不仅有血有肉,而且有爱有怨,感情极其丰富。曹植塑造了一位形象美丽飘逸、气质优雅娴静、才德明诗识礼、完美无缺的美女形象,在文学史上光彩照耀古今。

文选

求自试表①

　　臣植言：臣闻士之生世，入则事父，出则事君。②事父尚于荣亲，事君贵于兴国。③故慈父不能爱无益之子，仁君不能畜无用之臣。④夫论德而授官者，成功之君也；量能而受爵者，毕命之臣也。⑤故君无虚授，臣无虚受。⑥虚授谓之谬举，虚受谓之尸禄，《诗》之"素餐"所由作也。⑦昔二虢不辞两国之任，其德厚也；旦、奭不让燕、鲁之封，其功大也。⑧今臣蒙国重恩，三世于今矣。⑨正值陛下升平之际，沐浴圣泽，潜润德教，可谓厚幸矣！⑩而窃位东藩，爵在上列，身被轻暖，口厌百味，目极华靡，耳倦丝竹者，爵重禄厚之所致也。⑪退念古之受爵禄者，有异于此，皆以功勤济国，辅主惠民。⑫今臣无德可述，无功可纪，若此终年，无益国朝，将挂风人"彼其"之讥。⑬是以上惭玄冕，俯愧朱绂。⑭

　　方今天下一统，九州晏如。⑮顾西尚有违命之蜀，东有不臣之吴，使边境未得税甲，谋士未得高枕者，诚欲混同宇内,以致太和也。⑯故启灭有扈而夏功昭,成克商、奄而周德著。⑰今陛下以圣明统世,将欲卒文、武之功,继成、康之隆,简贤授能,以方叔、召虎之臣,镇卫四境,为国爪牙者,可谓当矣。⑱然而高鸟未挂于轻缴,渊鱼未悬于钩饵者,恐钓射之术或未尽也。⑲昔耿弇不俟光武,趣击张步,言不以贼遗于君父也。⑳故车右伏剑于鸣毂,雍门刎首于齐境。㉑若此二子,岂恶生而尚死哉? 诚忿其慢主而凌君也。㉒夫君之宠臣,欲以除患兴利;臣之事君,必以杀身靖乱,以功报主也。㉓昔贾谊弱冠,求试属国,请系单于之颈而制其命;终军以妙年使越,欲得长缨占其王,羁致北阙。㉔此二臣者,岂好为夸主而曜世俗哉?㉕志或郁结,欲逞其才力,输能于明君也。㉖昔汉武为霍去病治第,辞曰:"匈奴未灭,臣无以家为!"㉗固夫忧国忘家,捐躯济难,忠臣之志也。㉘今臣居外,非不厚也,而寝不安席,食不遑味者,伏以二方未克为念。㉙

伏见先武皇帝武臣宿将,年者即世者有闻矣。㉚虽贤不乏世,宿将旧卒犹习战也。㉛窃不自量,志在授命,庶立毛发之功,以报所受之恩。㉜若使陛下出不世之诏,效臣锥刀之用,使得西属大将军,当一校之队,若东属大司马,统偏师之任,必乘危蹈险,骋舟奋骊,突刃触锋,为士卒先。㉝虽未能擒权馘亮,庶将虏其雄率,歼其丑类,必效须臾之捷,以灭终身之愧,使名挂史笔,事列朝策。㉞虽身分蜀境,首悬吴阙,犹生之年也。㉟如微才弗试,没世无闻,徒荣其躯而丰其体，生无益于事，死无损于数，虚荷上位而忝重禄，禽息鸟视，终于白首，此徒圈牢之养物，非臣之所志也。㊱流闻东军失备，师徒小衄，辍食弃餐，奋袂攘衽，抚剑东顾，而心已驰于吴、会矣。㊲

臣昔从先武皇帝，南极赤岸，东临沧海，西望玉门，北出玄塞。㊳伏见所以行师用兵之势，可谓神妙也。㊴故兵者不可豫言，临难而制变者也。㊵志欲自效于明时，立功于圣世。㊶每览史籍，观古忠臣义士，出一朝之命，以殉国家之难，身虽屠裂，而功勋著于景钟，名称垂于竹帛，未尝不拊心而叹息也。㊷臣闻明主使臣，不废有罪。㊸故奔北、败军之将用，秦、鲁以成其功；绝缨、盗马之臣赦，而楚、赵以济其难。㊹臣窃感先帝早崩，威王弃世，臣独何人，以堪长久。㊺常恐先朝露，填沟壑，坟土未干，而身名并灭。㊻

臣闻骐骥长鸣，伯乐昭其能；卢狗悲号，则韩国知其才。㊼是以效之齐、楚之路，以逞千里之任；试之狡兔之捷，以验搏噬之用。㊽今臣志狗马之微功，窃自惟度，终无伯乐、韩国之举，是以於悒而窃自痛者也。㊾

夫临博而企竦，闻乐而窃抃者，或有赏音而识道也。㊿昔毛遂赵之陪隶，犹假锥囊之喻，以寤主立功，何况巍巍大魏多士之朝，而无慷慨死难之臣乎！(51)夫自衒自媒者，士女之丑行也；干时求进者，道家之明忌也。(52)而臣敢陈闻于陛下者，诚与国分形同气，忧患共之者也。(53)冀以尘露之微，补益山海；萤烛末光，增辉日月。(54)是以敢冒其丑而献其忠,必知为朝士所笑。⑤圣主不以人废言,伏惟陛下少垂神听,臣则幸矣。⑯

【译注】

①此文最早见于《三国志·陈思王植》。太和元年(227)曹植徙封浚仪,二年(228)复还雍丘。他常常愤怒怨恨身怀利器而无处施展,于是写了这篇《求自试表》,请求朝廷任用。表,古时臣下上书君王的一种文体,多用于陈述哀情,如诸葛亮的《出师表》。

②〔臣植言:臣闻士之生世,入则事父,出则事君。〕臣曹植上言:臣听说有为的男儿活在世上,在家就应当侍奉父亲,到朝廷做官就应当侍奉国君。生世,人生在世。入,指居家。出,指出仕,出来做官。

③〔事父尚于荣亲,事君贵于兴国。〕侍奉父亲崇尚使双亲荣耀,侍奉国君以使国家兴旺为贵。尚,尊崇,注重。

④〔故慈父不能爱无益之子,仁君不能畜(xù)无用之臣。〕因此慈爱的父亲不能爱无用的儿子,仁慈的国君不能养无用的臣子。畜,饲养禽兽,此为"养"也。

⑤〔夫论德而授官者,成功之君也;量能而受爵者,毕命之臣也。〕看人的德行而授予官位的,是成功的国君;衡量自己才能而接受官职的,是尽忠效命的臣子。论德,衡量德行。毕命,尽力效命。

⑥〔故君无虚授，臣无虚受。〕因此国君不无缘无故给予官位，臣子不接受与自己不相称的官职。虚授，凭空给予。虚受，凭空接受。

⑦〔虚授谓之谬举，虚受谓之尸禄，《诗》之"素餐"所由作也。〕无缘无故授予官位称之为错误推举，无缘无故地接受官职称之为吃白饭。《诗经》里的"素餐"一词就是由此产生的。谬举，错误地推举。尸禄，不做事，凭空享俸禄。素餐，《诗经·魏风·伐檀》："彼君子兮，不素餐兮！"谓不劳而获，吃白饭。

⑧〔昔二虢（guó）不辞两国之任，其德厚也；旦、奭（shì）不让燕、鲁之封，其功大也。〕从前虢仲、虢叔不推辞东虢和西虢的任命，是由于他俩的德行高尚；周公旦、召公奭不推让燕、鲁两国的分封，是由于功劳大。二虢，指虢仲和虢叔，同为周文王之弟。因为二人有功，虢仲封于东虢，虢叔封于西虢。旦、奭，指周公旦、召公奭。二人都是文王之子、武王之弟。周公旦封于鲁，召公奭封于燕。

⑨〔今臣蒙国重恩，三世于今矣。〕现在我蒙受国家洪恩，到今天已经历了三代。三世，指魏武帝曹操、文帝曹丕、明帝曹叡。

⑩〔正值陛下升平之际，沐浴圣泽，潜润德教，可谓厚幸矣！〕正值陛下治理国家太平之际，沐浴着圣皇恩泽，深深受到道德教育，可以说是大幸了！陛下，对帝王的尊称，指魏明帝。升平，太平、治平。圣泽，帝王的恩泽。潜润，渐渐滋润。德教，教化。

⑪〔而窃位东藩,爵在上列,身被轻暖,口厌百味,目极华靡,耳倦丝竹者,爵重禄厚之所致也。〕而我占了东藩诸侯之位,爵位列在上等,身穿轻暖的衣服,口中饱尝各种美食,看尽了美丽的景物,听倦了音乐,是因为爵位高、俸禄优厚才具有的。窃位,谦辞,指被封东藩。被,同"披",穿。厌,满足。华靡,华丽奢侈,指美丽的景物。丝竹,指音乐。丝,指弦乐。竹,指管乐。

⑫〔退念古之受爵禄者,有异于此,皆以功勤济国,辅主惠民。〕退而自省,古代接受爵位俸禄的,跟我的情况不同,他们都因为功劳利国,辅助国君给百姓带来恩惠。退念,退省,退而自省。功勤,犹功劳。济国,谓对国家作出有益的贡献。

⑬〔今臣无德可述,无功可纪,若此终年,无益国朝,将挂风人"彼其"之讥。〕现在我没德行可讲,没有功劳可记,如此终生对国家朝廷没有贡献,将会受到诗人"彼其之子,不称其服"的讽刺。纪,同"记"。挂,遭受。风人,指古代采集民歌风俗等的官员,后指诗人。彼其之讥,《诗经·曹风·候人》:"彼其之子,不称其服。"谓那个人的德行,同他穿的尊贵的衣服不相称。

⑭〔是以上惭玄冕(miǎn),俯愧朱绂(fú)。〕因此我举首有愧于王冠,俯身有愧于红色的绶带。玄冕,黑色的官帽。朱绂,系佩玉或印章的红丝带。

⑮〔方今天下一统,九州晏(yàn)如。〕而今天下统一,九州和平安乐。晏如,安乐貌。

⑯〔顾西尚有违命之蜀,东有不臣之吴,使边境未得税甲,谋士未得高枕者,诚欲混同宇内,以致太和也。〕但是西面还有

违抗命令的蜀,东面还有不愿称臣的吴,使得边境将士不能脱下铠甲,谋士不能高枕无忧,确实想统一全国,从而得到天下太平。顾,但。税甲,脱去铠甲。税,通"脱"。混同宇内,统一全国。太和,太平。

⑰〔故启灭有扈(hù)而夏功昭,成克商、奄(yǎn)而周德著。〕因此夏启灭掉了有扈而夏朝的功德昭著,周成王打败商、奄二国,周朝的功德昭著。启,夏朝第二任帝王,夏禹之子。有扈,和夏同姓的诸侯国。成,周成王,周武王之子。奄,古国名,在今山东曲阜境内。

⑱〔今陛下以圣明统世,将欲卒文、武之功,继成、康之隆,简贤授能,以方叔、召虎之臣,镇卫四境,为国爪牙者,可谓当矣。〕今陛下以圣明之名统治天下,将要完成周文王、周武王一样的功业,继续周成王、周康王一样的兴隆,选拔贤良,把官爵授给有才能的人,用方叔、召虎一样的贤臣镇守四方之境,成为国家勇猛的将领,可以说完全正确。圣明,指天子。文、武,指周文王、周武王。成、康,指周成王、周康王。简,选择。方叔、召虎,都是周宣王的贤臣。方叔曾率领三千辆兵车战胜楚国,使楚臣服周。召虎曾战胜淮夷,并奉命管理谢邑。爪牙,原指动物的尖爪利牙,此比喻武将。

⑲〔然而高鸟未绁(guà)于轻缴(zhuó),渊鱼未悬于钩饵者,恐钓射之术或未尽也。〕然而高飞的鸟未被箭射中,深水里的鱼没悬挂在钓钩上,恐怕是垂钓、射箭的本领没有完全发挥出来。高鸟,高飞的鸟,比喻蜀国。绁,绊。缴,系在箭的尾部

的生丝绳。渊鱼,深水里的鱼,比喻吴。

⑳〔昔耿弇(yǎn)不俟(sì)光武,亟击张步,言不以贼遗(wèi)于君父也。〕从前耿弇不等光武帝到来,急忙攻打张步,说不把贼军留给君王。耿弇,东汉开国功臣,封好畤侯。俟,等待。亟,急迫。张步,两汉之际地方割据军阀。君父,特指天子。

㉑〔故车右伏剑于鸣毂,雍(yōng)门刎首于齐境。〕所以齐王所乘之车的卫士因车毂响了而伏剑自杀,雍门子狄因越甲至齐在齐国境内自刎。车右,立于战车右边的卫士。古时战车,将居左,御者居中,武士居右。毂,车轮中心的圆木。雍门,雍门子狄,齐国的臣子。《说苑·立节》:"越甲至齐,雍门子狄请死之。齐王曰:'鼓铎之声未闻,矢石未交,长兵未接,子何务死之? 为人臣之礼邪?'雍门子狄对曰:'臣闻之,昔者王田于囿,左毂鸣,车右请死之,而王曰:"子何为死?"车右对曰:"为其鸣吾君也。"王曰:"左毂鸣者,工师之罪也,子何事之有焉?"车右曰:"臣不见工师之乘,而见其鸣吾君也。"遂刎颈而死。知有之乎?'齐王曰:'有之。'雍门子狄曰:'今越甲至,其鸣吾君也,岂左毂之下哉? 车右可以死左毂,而臣独不可以死越甲也?'遂刎颈而死。是日,越人引甲而退七十里,曰:'齐王有臣,钧如雍门子狄,拟使越社稷不血食。'遂引甲而归。齐王葬雍门子狄以上卿之礼。"

㉒〔若此二子,岂恶(wù)生而尚死哉? 诚忿(fèn)其慢主而凌君也。〕像这两个人是厌恶生而崇尚死吗? 只是气愤他们

轻侮主子而侵犯了国君罢了！恶，讨厌，憎恨。尚，尊崇。忿，怨恨，恼怒。凌，侵犯，欺侮。

㉓〔夫君之宠臣，欲以除患兴利；臣之事君，心以杀身靖乱，以功报主也。〕国君宠爱臣子，想用臣子来除害兴利；臣子侍奉国君，一定要牺牲自己平定患乱来报效主子。患，祸害，灾难。靖，本意为安定，作使动词用，使安定。靖，一作"静"。

㉔〔昔贾谊弱冠，求试属国，请系单（chán）于之颈而制其命；终军以妙年使越，欲得长缨占其王，羁致北阙。〕以前贾谊二十岁时，要求任属国之长，请求用绳子拴着匈奴单于的脖子而控制住他；终军年少出使南越，希望用长缨捆缚其王押送到汉朝廷。贾谊，西汉的政治家和文学家。弱冠，古代男子二十岁行冠礼，表示已经成人，因为还没有到壮年，故称"弱冠"，后泛指男子二十岁左右的年纪。属国，汉于边郡设置属国，设都尉掌管事务。单于，匈奴人对其君主的称呼。终军，字子云，西汉政治家。占，一作"缨"，系缚。羁，束缚。北阙，古代朝廷宫殿北面的门楼，是臣子等待朝见或上书奏事之处，故为朝廷的别称。

㉕〔此二臣者，岂好为夸主而曜世俗哉？〕这两个臣子，难道是喜欢在君主面前夸大自己而在世人面前卖弄自己的人吗？夸主，在主子面前夸自己。曜，显示，炫耀。世俗，指人间。

㉖〔志或郁结，欲逞（chěng）其才力，输能于明君也。〕或许是志向难以伸展，想显示自己的才华，将能力贡献给明君。郁结，积聚不能发泄。逞，显示。输，献。

㉗〔昔汉武为霍去病治第，辞曰："匈奴未灭，臣无以家为！"〕以前汉武帝为霍去病建造府第，他推辞说："匈奴尚未消灭，臣哪里可以安家！"霍去病，西汉名将，曾六次击匈奴，是著名的民族英雄。治第，修建府第。

㉘〔固夫忧国忘家，捐躯济难，忠臣之志也。〕本来忧国忘家，为国家解救危难献身，是忠臣的志向。

㉙〔今臣居外，非不厚也，而寝不安席，食不遑味者，伏以二方未克为念。〕现在我身处外地，并不是待遇不丰厚，然而睡不着，吃饭不香，只是因为东吴、西蜀没有被攻克而记挂。遑味，无暇辨别滋味。遑，空闲。二方，指吴、蜀。

㉚〔伏见先武皇帝武臣宿将，年者即世者有闻矣。〕看着先父武皇帝的武臣老将，已有年老去世的消息。伏，俯伏，谦辞。武皇帝，指曹操。曹丕代汉称帝后追尊曹操为太祖武皇帝。宿将，旧将。将，一作"兵"。年者，年老。者，指六十岁以上的年纪。即世，去世。

㉛〔虽贤不乏世，宿将旧卒犹习战也。〕虽然当今世上贤人不少，但老将旧卒还在操演作战。乏，缺少。习战，练习作战。

㉜〔窃不自量，志在授命，庶立毛发之功，以报所受之恩。〕我私下自不量力，志在为国效命，希望立一些微功，来报答受到的恩典。窃，私自。授命，献出自己的生命。庶，副词，表示希望。毛发，比喻细微。

㉝〔若使陛下出不世之诏，效臣锥刀之用，使得西属大将军，当一校之队，若东属大司马，统偏师之任，必乘危蹈险，骋舟

奋骊(lí)，突刃触锋，为士卒先。〕假如陛下下一道非同寻常的诏书，使臣发挥点滴的作用，让我在西面属大将军的部下，负责一个队的士兵，或者在东面属大司马的部下，统领偏师之军，我一定身处险境，奋勇向前，赴汤蹈火，为士卒的表率。不世，非常，非凡。锥刀，比喻刀很小。大将军，此指曹真。太和二年（228）正月，诸葛亮攻魏，魏明帝遣大将军曹真迎击。当，担当，统领。校，古代军队编制单位，五百人为一校。若，或。大司马，此指曹休。太和二年九月，曹休率军至皖与吴将陆议战于石亭。偏师，指在主力军翼侧协助作战的部队。乘危蹈险，在危险的境地。骋舟奋骊，驾舟疾行，奋马扬鞭。骊，黑色的马，此指战马。突刃，顶着刀锋。刃，刀、剑等锋利的部分。

㉞〔虽未能擒权馘(guó)亮，庶将虏其雄率，歼其丑类，必效须臾之捷，以灭终身之愧，使名挂史笔，事列朝策。〕即使我不能擒获孙权和诸葛亮，也希望能俘虏敌人的将帅，歼灭其部下，一定为片刻的胜利而效力，以此消除终身的惭愧，使自己的名字挂于史家笔端，事迹写进朝廷的策书。馘，古代作战时割下敌人或俘虏的左耳，以作计数量功。此指活捉诸葛亮。雄率，猛将。率，通"帅"。丑类，犹言同类。史笔，史官之笔，历史记载的代称。朝策，朝廷的策书。

㉟〔虽身分蜀境，首悬吴阙，犹生之年也。〕即使在蜀国被分身，在吴国首级被悬挂在宫殿的门楼上，也虽死犹生。吴阙，吴国王宫的门楼。阙，古代宫殿大门前的附属物。

㊱〔如微才弗试，没世无闻，徒荣其躯而丰其体，生无益于

事,死无损于数,虚荷上位而忝(tiǎn)重禄,禽息鸟视,终于白首,此徒圈(juàn)牢之养物,非臣之所志也。〕如果我的微才得不到重用,隐没于世无人知道,使自己徒有虚名和健壮的身体,活着对国事无益,死了无损于国家的命运,白白地享受上等爵位而有辱于朝廷厚重的俸禄,像禽鸟一样苟活,直到头发白了而了此一生,这是圈牢中的牲畜,不是我的志向所在。试,任用。数,指国家的运数。虚荷,白白地承受。忝,谦称,表示辱没他人,自己有愧。禽息鸟视,像禽鸟一样活着,比喻无所事事。息,呼吸。圈牢,关养家畜的地方。

㊲〔流闻东军失备,师徒小衄(nù),辍食弃餐,奋袂攘衽(rèn),抚剑东顾,而心已驰于吴、会(kuài)矣。〕传闻东军失去警戒,军队受到小的挫败,我吃不下饭,甩起衣袖,扯开衣襟,抚剑东望,而心已奔向吴、会二郡。东军,指曹休伐吴的军队。失备,失于防备。师徒,士卒,此指军队。衄,本意鼻出血,引申为挫伤、失败。奋袂,指激动时把袖子一甩。攘衽,揭起衣襟。吴、会,吴郡、会稽郡,时属东吴,今浙江、江苏一带。

㊳〔臣昔从先武皇帝,南极赤岸,东临沧海,西望玉门,北出玄塞。〕从前我跟从先父武皇帝,南边到赤岸,东边到沧海,向西望见玉门关,向北出了长城。极,穷尽。赤岸,山名,在今江苏六合东南。沧海,指渤海。玉门,关名,汉时通往西域各地的门户,故址在今甘肃敦煌西北。玄塞,北方的边塞,指长城,古以黑色代指北方。玄,黑色。

㊴〔伏见所以行师用兵之势,可谓神妙也。〕观看先父调遣

军队指挥作战的形势,可以说神妙莫测。伏见,古代下者对己见的谦词。神妙,神机妙算。

⑩〔故兵者不可豫言,临难而制变者也。〕所以作战不可预言,只能到了战场随机应变。兵者,战争,作战。豫言,同"预言",预先推论。临难,面临危险。制变,犹言应变。

⑪〔志欲自效于明时,立功于圣世。〕臣志在效力于当今的圣明时代,在圣世建立功业。圣世,圣明之世。

⑫〔每览史籍,观古忠臣义士,出一朝(zhāo)之命,以殉国家之难,身虽屠裂,而功勋著于景钟,名称垂于竹帛,未尝不拊心而叹息也。〕每当浏览史书,看到古时的忠臣义士,献出自己年轻的生命,为赴国家之难而牺牲,身体虽然被屠杀分裂,而功劳铭刻在鼎钟上,英名永垂史册,每想到此我未曾不拊心而叹息。一朝之命,短暂的生命。景钟,晋景公之钟。春秋时,晋将魏颗击退秦军,功勋被铭刻在晋景公时铸造的钟上。竹帛,竹简和丝绢,古时用其来写字,因此指典籍。拊心,拍胸,表示悲愤。

⑬〔臣闻明主使臣,不废有罪。〕臣听说圣明的君主役使臣下,不废弃有罪之人。废,抛弃不用。

⑭〔故奔北、败军之将用,秦、鲁以成其功;绝缨、盗马之臣赦,而楚、赵以济其难。〕因此逃跑、败军之将得到重用,从而秦、鲁取得成功;被扯断帽缨、偷盗马匹的人得到赦免,从而楚、赵的国难受到救助。春秋时期,秦将孟明视、西乞术、白乙丙曾奉命攻郑,中了埋伏而被俘,秦穆公没有计较此事,仍然重用他

们,从而打败晋军。鲁将曹沫曾三次被齐国打败,鲁国割地求和。后来鲁庄公与齐桓公会盟,曹沫手执匕首劫持齐桓公,迫使他退还了被割的土地。春秋时,楚庄王夜宴群臣,烛灭,有人扯王之美人衣,美人拉下其帽上的带子作为凭证。庄王不治其罪,命群臣都扯下帽带,才点亮蜡烛。后楚与晋作战,扯美人衣者奋勇杀敌以报庄王。秦穆公的乘马丢失,被野人获食,秦穆公不仅不治罪,还赐之以酒。后秦与晋作战,穆公被困,三百余食马野人为秦奋战,打败晋军。因赵、秦共祖,为避免上文"秦"字重复,故文中称"赵"而不称"秦"。

㊺〔臣窃感先帝早崩,威王弃世,臣独何人,以堪长久。〕臣私下感到先帝过早驾崩,威王也去世了,唯独臣是什么样的人,凭什么能承受长久的岁月?先帝,指魏文帝曹丕。威王,指任城王曹彰,谥曰威。弃世,去世。堪,能承受。

㊻〔常恐先朝(zhāo)露,填沟壑(hè),坟土未干,而身名并灭。〕常担心自己早死,死后坟土未干,身躯与名声一齐毁灭。先朝露,指生命比朝露消失得还快。填沟壑,死的自谦说法。

㊼〔臣闻骐骥长鸣,伯乐昭其能;卢狗悲号,则韩国知其才。〕臣听说良马长鸣,伯乐就明察它的能力;名犬韩卢悲伤地号叫,齐人韩国就知道它的才能。骐骥,良马,骏马。伯乐,传说中古代会相马的人。昭,明察,明白。卢狗,指韩卢,以跑得快闻名。韩国,齐国人,善相狗。

㊽〔是以效之齐、楚之路,以逞千里之任;试之狡兔之捷,以验搏噬(shì)之用。〕因此用齐、楚两地遥远的路途作为试验,以

此显示能否担当日行千里之任;用敏捷的狡兔作为猎物,以此来试验名犬的搏斗和撕咬的能力。效,效验,检验。逞,显示,显现。任,用。噬,咬。

㊾〔今臣志狗马之微功,窃自惟度(duó),终无伯乐、韩国之举,是以於悒(yú yì)而窃自痛者也。〕如今臣的志向只是立狗马那样的小功,私下思量,终究没有伯乐、韩国那样的人来举荐,因此心情抑郁而自己私下痛苦。惟度,思量。於悒,同"於邑",抑郁。

㊿〔夫临博而企竦,闻乐而窃抃(biàn)者,或有赏音而识道也。〕那些靠近棋局踮起脚跟站立的人,那些听到音乐而私自鼓掌赞叹的人,其中有一些人是懂音乐和弈棋的。博,古代棋弈之类的游戏。企,踮起脚跟。竦,立。抃,拍手。

51〔昔毛遂赵之陪隶,犹假锥囊之喻,以寤(wù)主立功,何况巍巍大魏多士之朝,而无慷慨死难之臣乎!〕从前毛遂是赵国的家臣,尚能借锥子与口袋的比喻,使主子明白道理而立功,何况强大的人才众多的大魏朝廷,还没慷慨殉难的臣子吗?战国时秦军围困赵国都城邯郸,赵王派遣平原君出使楚国求救。家臣毛遂自荐陪同前往,平原君说:"夫贤士之处世也,譬若锥之处囊中,其末立见。今先生处胜(平原君名)之门下三年于此矣,左右未有所称颂,胜未有所闻,是先生无所有也。先生不能,先生留。"毛遂回答道:"臣乃今日请处囊中耳。使遂蚤得处囊中,乃颖脱而出,非特其末见而已。"(汉·司马迁《史记·平原君虞卿列传》)于是,平原君答应毛遂同往。到了楚国,毛遂按剑历阶而上,拜见楚王,晓之以理,动之以情,最后说服了楚王,楚使春申君将兵救赵。陪隶,陪台,臣之臣,奴隶。假,借。寤,同"悟",理解,明白。巍巍,形容高大。

㊷〔夫自衔(xuàn)自媒者,士女之丑行也;干时求进者,道家之明忌也。〕那些自我炫耀其才能、自我作媒的人,是普通男女的丑陋行为;想合于时俗求得功名的人,是道家显而易见的忌讳啊。自衔,自炫,炫耀自己,自我吹嘘。衔,沿街叫卖。自媒,指女子自择配偶。士女,泛指成年男女。干时,求合于时代。进,进仕,进身为官。忌,忌讳。

㊳〔而臣敢陈闻于陛下者,诚与国分形同气,忧患共之者也。〕而臣敢于把自己的所闻所思陈述给陛下听,实在是因为臣与圣上是骨肉之亲,困苦患难要共同承担啊。陈闻,陈述并使闻知。国,魏国,代指魏明帝,曹植的侄儿曹叡。分形同气,形体分别而气息相同。《吕氏春秋·精通》:"父母之于子也,子之于父母也,一体而两分,同气而异息。"

㊴〔冀以尘露之微,补益山海;萤烛末光,增辉日月。〕希望以尘土露珠般的微才,对山海一样的社稷大业有些补益,以萤烛之微光,为日月增辉。露,一作"雾"。萤,一作"荧"。末光,微光。

㊵〔是以敢冒其丑而献其忠,必知为朝士所笑。〕因此敢于冒着出丑来奉献自己的忠心,知道一定会被朝中大臣所笑话。朝士,朝廷之士,泛称朝廷官员。

㊶〔圣主不以人废言,伏惟陛下少垂神听,臣则幸矣。〕圣

明之主不会因人而废言,希望陛下微降圣听,臣就觉得十分有幸了。少,稍稍。垂,下,倾,表示尊敬。神听,听取。神,表示尊敬。

【鉴赏】

曹操去世后,曹丕继承了王位,不久代汉即皇帝位。由于曹操曾经想立曹植为太子,曹丕称帝后对曹植一直有猜忌之心,始终没有重用他。曹植虽然在文学创作上已取得了骄人的成绩,在文坛上独领风骚,然而他自视甚高,志不局限于文,而更在武,希望在军事上叱咤风云,为国家社稷作出应有的贡献。他在《与杨德祖书》中写道:"吾虽德薄,位为藩侯,犹庶几勠力上国,流惠下民,建永世之业,留金石之功。岂徒以翰墨为勋绩,辞赋为君子哉?"曹丕去世后其子曹叡即位,太和元年(227)曹植徙封浚仪,太和二年(228)由浚仪复还雍丘。当年九月,曹休率军至皖,与吴将陆议战于石亭,此役战败,不久因病去世。曹植认为,此时急需有人率兵击吴,于是向魏明帝呈《求自试表》。

表文可分五个部分鉴赏。第一部分首先从士人的职责谈起,在家应事父,外出做官应事君。事父的最高境界是使双亲增添荣华,事君的最高境界是使国家兴旺。接着引出本文的中心论点:"论德而授官者,成功之君也;量能而受爵者,毕命之臣也。"再接着从反面分析道理,明君不能虚授官职,忠臣不能虚受爵位,虚授和虚受都是荒谬不可取的。然后从正面举例子说明这一道理:"昔二虢不辞两国之任,其德厚也;旦、奭不让燕、鲁之封,其功大也。"最后进入主题,谈自己"窃位东藩,爵在上列","无德可述,无功可纪"而诚惶诚恐。下文各段紧扣"量能而受爵者,毕命之臣也"进一步展开论述,至于前半句"论德而授官者,成功之君也"避而不谈。一来直言魏明帝应如何做有欺君之嫌,再者人臣"量能而受爵"的道理讲清楚了,"论德而授官"的道理不言自明。

第二部分承接上文着重从国家的外部情况写当下正是"毕命之臣"尽忠报国的时刻。首先写国家的防卫形势,虽然"方今天下一统,九州晏如",然而"西尚有违命之蜀,东有不臣之吴,使边境未得税甲,谋士未得高枕",此时"毕命之臣"的使命就是奉诏出征,使天下得以太平。接着写朝廷"简贤授能",已派出得力干将"镇卫四境"。然而"钓射之术或未尽也",指出边境出师不利,情况紧急,正需增派精兵强将。然后举耿弇"不以贼遗于君父"、车右"伏剑于鸣毂"、雍门"刎首于齐境",贾谊"求试属国"、终军"以妙年使越",霍去病辞治第等典故,借以表达自己对魏明帝的一片忠心和"杀身报国"的坚定决心。最后,作者向魏明帝表白了自己的心迹:"今臣居外,非不厚也,而寝不安席,食不遑味者,伏以二方未克为念。"

第三部分首先写军队人才现状,曹操时代的老将旧卒相继过世,健在的还在坚持练习作战,可见人才匮乏。接着写作者毛遂自荐,"窃不自量,志在授命,庶立毛发之功,以报所受之恩"。紧接着具体申述心愿，只要明帝授命就行，官职不在大小，哪怕"当一校之队""统偏师之任"也"突刃触锋，为士卒先"。作者一心想的不是做官而是"虏其雄率，歼其丑类"，"虽身分蜀境，首悬吴阙，犹生之年也"。然后从反面陈述，如果自己得不到朝廷任用，"徒荣其躯而丰其体"，"禽息鸟视，终于白首，此徒圈牢之养物，非臣之所志也"。最后写"流闻东军失备，师徒小衄"，自己如何义愤填膺，决心奔赴战场。这一段着重从内部军事情况分析，前线急需称职的将领，进一步论述当下正是"毕命之臣"尽忠报国的时刻。

　　第四部分首先回顾昔日跟随父王曹操南征北战的经历，高度赞扬曹操用兵的神机妙算，并总结出心得："故兵者不可豫言，临难而制变者也。"由此，曹植胸有成竹地认为，自己有能力"志欲自效于明时，立功于圣世"。接着写"古忠臣义士，出一朝之命，以殉国家之难"，使自己"未尝不拊心而叹息也"，表明自己尽忠报国的决心。接着从另一角度写"故奔北、败军之将用"而成就大业的典故，强调没有理由不重用自己。言外之意，即使自己过去有错，甚至有罪，自己有那样的经历，有如此的见识和才能，也完全可以给予机会让自己将功补过。然后直抒胸臆，请求魏明帝给自己建功立业的机会，"是以效之齐、楚之路，以逞千里之任；试之以狡兔之捷，以验搏噬之用"。最后，表达了自己不知圣上如何定夺的忧虑："今臣志狗马之微功，窃自惟度，终无伯乐、韩国之举，是以於悒而窃自痛者也。"在君权至高无上的古代，曹植只能把怨愤发泄到没有"伯乐、韩国之举"上。

第五部分首先写那些踮起脚跟看弈棋、听到音乐鼓掌的人，一定有懂音乐和下棋的，言外之意是自己的一片忠心，朝廷的有识之士一定会心知肚明。接着写自己求试不是国家"无慷慨死难之臣"，也不是本人有"自衒自媒者"的"士女之丑行"，而是自己"与国分形同气，忧患共之者也"，强调自己是明帝的至亲，辅佐君王是义不容辞的责任。然后集中表白心愿："冀以尘露之微，补益山海；萤烛末光，增辉日月。"恳请明帝，自己的求试一定要得到批准。最后两句是客套话，表示态度谦虚而恭敬。

全文紧扣第一部分提出的"量能而受爵者，毕命之臣也"说理，论述从国家外部有蜀、吴虎视眈眈需要有志之士挺身而出，到国家内部宿将旧卒相继去世急需补充人才，再到自己跟随父王征战有一定的用兵知识，抽丝剥茧，层层深入，最后提出自己的要求，恳请魏明帝任用自己，使自己一展抱负，忠君报国的夙愿得以实现。文章主题鲜明突出，结构严密完整，论证充实有力。行文融叙述、议论、抒情于一体，加之多用骈俪之句，文势波澜壮阔，酣畅淋漓地表达了作者忠贞和怨愤之情。文中引经据典，信手拈来，准确地表达了自己的思想和感情，充分显示出作者知识渊博、才华横溢。刘勰在《文心雕龙·章表》中写道："陈思（曹植）之表，独冠群才。观其体赡而律调，辞清而志显，应物掣巧，随变生趣，执辔有余，故能缓急应节矣。"赞誉实至名归。

与杨德祖书①

植白：数日不见，思子为劳，想同之也。②

仆少小好为文章，迄至于今，二十有五年矣。③然今世作者，可略而言也。④昔仲宣独步于汉南，孔璋鹰扬于河朔，伟长擅名于青土，公幹振藻于海隅，德琏发迹于大魏，足下高视于上京。⑤当此之时，人人自谓握灵蛇之珠，家家自谓抱荆山之玉。⑥吾王于是设天网以该之，顿八纮以掩之，今悉集兹国矣。⑦然此数子，犹复不能飞轩绝迹，一举千里也。⑧以孔璋之才，不闲于辞赋，而多自谓能与司马长卿同风，譬画虎不成反为狗也。⑨前有书嘲之，反作论盛道仆赞其文。⑩夫钟期不失听，于今称之，吾亦不能妄叹者，畏后世之嗤余也。⑪

世人之著述，不能无病。⑫仆常好人讥弹其文，有不善者，应时改定。⑬昔丁敬礼尝作小文，使仆润饰之。⑭仆自以才不过若人，辞不为也。⑮敬礼谓仆："卿何所疑难？文之佳恶,吾自得之,后世谁相知定吾文者耶!"⑯我尝叹此达言,以为美谈。⑰昔尼父之文辞,与人通流。⑱至于制《春秋》,游、夏之徒乃不能措一辞。⑲过此而言不病者,吾未之见也。⑳

盖有南威之容,乃可以论其淑媛;有龙泉之利,乃可以议于断割。㉑刘季绪才不能逮于作者,而好诋诃文章,掎摭利病。㉒昔田巴毁五帝、罪三王、訾五霸于稷下,一旦而服千人。㉓鲁连一说,使终身杜口。㉔刘生之辩,未若田氏。㉕今之仲连,求之不难,可无息乎?㉖人各有好尚,兰、茝、荪、蕙之芳,众人之所好,而海畔有逐臭之夫。㉗《咸池》《六茎》之发,众人所共乐,而墨翟有非之之论,岂可同哉?㉘

今往仆少小所著辞赋一通相与。㉙夫街谈巷说,必有可采;击辕之歌,有应《风》《雅》。㉚匹夫之思,未易轻弃也。㉛辞赋小道,固未足以揄扬大义、彰示来世也。㉜昔扬子云,先朝执戟之臣耳,犹称壮夫不为也。㉝吾虽德薄,位为藩侯,犹庶几勠力上国,流惠下民,建永世之业,留金石之功。㉞岂徒以翰墨为勋绩,辞赋为君子哉?㉟若吾志未果,吾道不行,则将采庶官之实录,辩时俗之得失,定仁义之衷,成一家之言。㊱虽未能藏之于名山,将以传之于同好,此要之皓首,岂今日之论乎?㊲其言之不惭,恃惠子之知我也。㊳

明早相迎,书不尽怀。㊴植白。㊵

【译注】

①杨德祖,名修,字德祖。太尉杨彪之子,华阴(今陕西华阴)人。建安年间孝廉,除郎中,后担任曹操的主簿。为人好学,才华出众,颇受曹氏父子器重,与曹植关系甚为密切。

②〔植白:数日不见,思子为劳,想同之也。〕曹植说:多日不见,思念你太苦,想必你同样思念我。子,对对方的尊称,指杨德祖。劳,苦。

③〔仆少小好为文章,迄(qì)至于今,二十有五年矣。〕我从小时候就喜欢文章,到今天已二十五年了。仆,谦辞,自称。迄,到。有,同“又”。年,年岁。

④〔然今世作者,可略而言也。〕因此对当今世上写文章的人可作大略的评论。然,因而。略,概要。

⑤〔昔仲宣独步于汉南,孔璋(zhāng)鹰扬于河朔,伟长擅名于青土,公幹振藻于海隅,德琏(liǎn)发迹于大魏,足下高视于上京。〕从前王粲在汉南独领风骚,陈琳在河北大显身手,徐幹在青州享有盛名,刘桢在海滨名声大噪,应场在魏都许昌开始大名远扬,先生在洛都傲视群雄。仲宣,王粲字,“建安七子”之一。独步,独自行走,指才华超群出众,独一无二。汉南,汉水之南,指荆州一带,王粲曾在荆州依附刘表多年。孔璋,陈琳字,“建安七子”之一,曾在冀州任袁绍的记室。鹰扬,飞鹰一样展翅飞翔,比喻大显身手。河朔,指黄河以北。伟长,徐幹字,北海郡人,“建安七子”之一。擅名,享有名声,独占名望。青土,指青州,北海古属青州。公幹,刘桢字,“建安七子”之

一。振藻,显示文采。海隅,海角,海边。刘桢,东平宁阳(今属山东)人,宁阳离海近。德琏,应场字,"建安七子"之一。发迹,指在事业上开始扬名得志。大魏,指魏都许昌一带,应场是汝南南顿(今河南项城)人,南顿和许昌靠得很近。大,一作"此"。足下,对对方的敬称,指杨修。高视,向高处看,不把一般人放在眼里。上京,指京都洛阳。杨修是太尉杨彪之子,自幼生活在京都。

⑥〔当此之时,人人自谓握灵蛇之珠,家家自谓抱荆山之玉。〕当今时代,人人自称手握有灵蛇之珠,家家自称怀抱荆山之玉。《淮南子·览冥训》高诱注:"隋侯见大蛇伤断,以药傅而涂之。后蛇于大江中,衔珠以报之,因曰隋侯之珠。"《韩非子·和氏》:"楚人和氏得玉璞楚山中,奉而献之……(文王)乃使玉人理其璞而得宝焉。"握,持有。荆山,山名,在今湖北省南漳县西。

⑦〔吾王于是设天网以该之,顿八纮(hóng)以掩之,今悉集兹国矣。〕我们的魏王于是布下天网搜罗他们,千方百计把他们从四面八方请来,当今全部集中在魏都了。吾王,指魏王曹操。天网,上天布下的罗网,比喻搜集人才强有力的措施。该,包括,容纳。顿,放置,安放。八纮,八方极远之地。纮,绳。掩,取。悉,全,一作"尽"。兹国,此国,指魏都城。

⑧〔然此数子,犹复不能飞轩绝迹,一举千里也。〕然而这几人的文章,还不能达到一骑绝尘千里、无人能匹的境界。飞轩,飞车,轻车。绝迹,不见踪迹,形容迅疾。

⑨〔以孔璋之才,不闲于辞赋,而多自谓能与司马长卿同风,譬画虎不成反为狗也。〕凭陈琳的才能,并不擅长辞赋,却经常自称与司马相如有同样的风采,就如同画虎不成功,反而画成狗一样。闲,通"娴",熟练。司马长卿,司马相如,字长卿,汉成都人,著名辞赋家。同风,同样的风格。画虎不成反为狗,古代谚语,此处用来嘲笑陈琳不知天高地厚。

⑩〔前有书嘲之,反作论盛道仆赞其文。〕我从前写信嘲笑他的辞赋,他反而极力宣扬我称赞他的文章。嘲,讥讽,嘲笑。盛道,极力称说。仆,谦辞,旧时男子称自己。

⑪〔夫钟期不失听,于今称之,吾亦不能妄叹者,畏后世之嗤(chī)余也。〕钟子期没有听错伯牙的弦中之音,到今天人们还称赞他,我也不能胡乱赞叹,害怕后世之人讥讽我。钟期,钟子期。他和伯牙都是春秋时期的楚国人。伯牙琴弹得好,钟子期善欣赏。失听,听觉失灵,听闻有误。妄叹,胡乱赞叹。嗤,讥笑。

⑫〔世人之著述,不能无病。〕世人的著作,不能没有缺点。病,毛病,缺点。

⑬〔仆常好(hào)人讥弹其文,有不善者,应时改定。〕我常喜欢别人批评自己的文章,有不好的地方,即时修改。好,喜爱。讥弹,指责缺点或错误。应时,立刻,即时。

⑭〔昔丁敬礼尝作小文,使仆润饰之。〕过去丁廙曾经写小文章,让我为之润色。丁敬礼,丁廙,字敬礼,丁仪的弟弟,曹植的朋友。润饰,粉饰,润色。

⑮〔仆自以才不过若人,辞不为也。〕我自认为才能超不过他,推辞不接受这件事。若人,此人,即丁廙。

⑯〔敬礼谓仆:"卿何所疑难?文之佳恶,吾自得之,后世谁相知定吾文者耶!"〕丁廙对我说:"你有什么为难的呢?文章的好坏,我自己承担,后世谁知道修定我文章的人呢?"卿,对对方的爱称。疑难,为难。佳恶,好坏。

⑰〔我尝叹此达言,以为美谈。〕我常常赞叹此通达的话,把它当作美谈。尝,通"常"。达言,通达的言论。

⑱〔昔尼父之文辞,与人通流。〕从前孔子的文章,与一般人不分上下。尼父,孔子,字仲尼,被敬称为"尼父"。文辞,泛指文章。通流,同类。

⑲〔至于制《春秋》,游、夏之徒乃不能措一辞。〕至于他编纂的《春秋》,子游、子夏等弟子不能改动一个字。游,言偃,字子游。夏,卜商,字子夏。二人皆为孔子的弟子。措,置,改动。

⑳〔过此而言不病者,吾未之见也。〕除《春秋》之外而说文章没有缺点的,我未曾见过。过此,除此之外。此,指《春秋》。未之见,未见之。之,指像《春秋》一样的文章。

㉑〔盖有南威之容,乃可以论其淑媛(yuàn);有龙泉之利,乃可以议于断割。〕有南之威那样的容貌,才可以评论其他美女;有龙渊那样锋利的宝剑,才可以议论断割之事。南威,即南之威,春秋时期的美女。其,一作"于"。淑媛,美女。淑,仪态端庄。媛,容貌美丽。泉,原作"渊",唐朝时避唐高祖李渊讳改。龙渊,古代宝剑名。

㉒〔刘季绪才不能逮(dài)于作者,而好诋诃(dǐ hē)文章,掎摭(jǐ zhí)利病。〕刘季绪的文才没能达到文章作者的水平,却喜欢诋毁挑剔人家的文章。刘季绪,名修,东汉末刘表之子。逮,达到。诋诃,指责,批评。掎摭,指摘。利病,偏义词,偏指"病",毛病。

㉓〔昔田巴毁五帝、罪三王、呰(zǐ)五霸于稷下,一旦而服千人。〕从前田巴在稷下诋毁五帝,责备三王,污蔑五霸,一天就能折服千人。田巴,战国时期齐国的辩士。毁,诋毁。五帝,即黄帝、颛顼、帝喾、唐尧、虞舜。罪,归罪。三王,即夏禹、商汤、周文王。呰,毁谤。稷下,指战国时期齐国都城临淄稷门附近,当时的文人、辩士常活动于此。服,信服,这里是使信服。

㉔〔鲁连一说,使终身杜口。〕而鲁连的一席话,使田巴终生不再开口。鲁连,又名鲁仲连,战国时期齐国人。杜口,闭口,谓不言。

㉕〔刘生之辩,未若田氏。〕刘季绪的辩才,不如田巴。刘生,指刘季绪。辩,辩论之才。

㉖〔今之仲连,求之不难,可无息乎?〕而今天寻找鲁仲连这样的人并不难,这些不知天高地厚的人,可以住口了吧?息,止。

㉗〔人各有好尚,兰、茝(chǎi)、荪(sūn)、蕙之芳,众人之所好,而海畔有逐臭之夫。〕人各自有所喜好,兰、茝、荪、蕙等香草,是众人所喜爱的,然而海边有追逐臭气味的人。《吕氏春秋·遇合》:"人有大臭者,其亲戚、兄弟、妻妾、知识,无能与居

者。自苦而居海上。海上人有说其臭者,昼夜随之而弗能去。"好尚,喜好,崇尚。兰、茝、荪、蕙,四种香草名。海畔,海边。夫,旧时称成年男子。

㉘[《咸池》《六茎》之发,众人所共乐,而墨翟有非之之论,岂可同哉?]《咸池》《六茎》乐曲的演奏,是众人所共同喜欢的,然而墨翟有否定的言论,难道可以同样看待吗?《咸池》,相传为黄帝作的乐曲名。《六茎》,相传为颛顼作的乐曲名。发,演奏。墨翟,墨子,其著《墨子》中有《非乐》篇,否定了音乐的价值。

㉙[今往仆少小所著辞赋一通相与。]如今送去年轻时所写的辞赋一篇相赠。往,送往。一通,一件,一篇。相与,相授予。

㉚[夫街谈巷说,必有可采;击辕之歌,有应《风》《雅》。]那些街谈巷议,一定有可取之处;击辕而唱的歌曲,一定有和《风》《雅》对应的内容。《风》《雅》,《诗经》包括《风》《雅》《颂》三类。《风》是周代各地的歌谣。《雅》是周代的正声雅乐。

㉛[匹夫之思,未易轻弃也。]一般人的思考,也不轻易忽视。匹夫,泛指普通百姓。弃,放弃。

㉜[辞赋小道,固未足以揄(yú)扬大义、彰示来世也。]辞赋是小的技艺,本来不足以用来阐发大的道理,彰显未来的事情。揄扬,阐发,宣传。彰示,明白地显示。来世,后世。

㉝[昔扬子云,先朝执戟之臣耳,犹称壮夫不为也。]昔日

的扬子云,只不过是前朝执戟侍卫帝王的小臣罢了,还说出"壮夫不为也"这样的话。扬子云,扬雄,字子云,西汉辞赋名家,曾做过给事黄门郎。先朝,前朝,指西汉。壮士,豪壮而勇敢的人。

㉞〔吾虽德薄,位为藩侯,犹庶几勉力上国,流惠下民,建永世之业,留金石之功。〕我虽然德浅行薄,位为诸侯,还希望努力报效朝廷,造福百姓,建立永世大业,功名留于金石的记载里。藩侯,古代诸侯,犹如藩篱保卫王室,故称"藩侯"。庶几,或许可以,表示希望的语气词。勉力,尽力。上国,外藩对朝廷的称呼,此指东汉王朝。流惠,布施恩惠。留,留传,一作"流"。金石之功,刻在钟鼎碑碣之上永远不可磨灭的功勋。金石,金属和石头,比喻坚固的东西。

㉟〔岂徒以翰墨为勋绩,辞赋为君子哉?〕怎么能只以文章为功绩,以辞赋称君子呢?翰墨,笔和墨,此指文章。勋绩,勋劳,功绩。君子,指人格高尚的人。

㊱〔若吾志未果,吾道不行,则将采庶官之实录,辩时俗之得失,定仁义之衷,成一家之言。〕假如我的志向不能实现,我的道路行不通,我就采录史官的真实史料,辨析时俗的得失,确定仁义的标准,而成一家之言。庶官,百官。庶,一作"史"。实录,实际的记录。辩,通"辨",辨析。衷,范式,标准。

㊲〔虽未能藏之于名山,将以传之于同好(hào),此要(yāo)之皓首,岂今日之论乎?〕即使不能将著述藏在名山,将它传给志趣相同的人,这样的著述要到头发白了才能完成,怎

么是今天所能议论的呢？同好，相同爱好的人。此，原为
"非"，《文选》为"此"。要，约定。之，到。

㊳〔其言之不惭，恃惠子之知我也。〕我之所以大言不惭，
是依仗你如同惠子理解庄子一样理解我。恃，依赖，凭仗。惠
子，惠施，战国时人，名家学派的创始者和主要代表人物。在
《庄子》一书中就名与实问题，庄子与惠施多有论辩，此处以惠
施比杨修，自比庄子。

㊴〔明早相迎，书不尽怀。〕明日早晨迎接你，信上就不一
一叙述了。

㊵〔植白。〕曹植书。

【鉴赏】

这篇文章作于建安二十一年(216)七月，曹植时年二十五
岁。这一年五月，曹操进爵为魏王。曹植的才华出众，深得曹
操的宠爱，是魏王太子的重要候选人。此时曹植的政治地位处
于一生中的顶峰，在文学创作和理论修养方面也达到了炉火纯
青的境界。

全篇除书信的开头、结尾外，正文部分有四段。第一段写
对建安作家的评价。首先写作者自己自幼喜好文章，而且年富
力强，有条件评价这些文坛天之骄子。接着以极其精彩的笔墨
描绘了"建安七子"在各地叱咤风云、独领风骚的盛况，并指出
他们"人人自谓握灵蛇之珠，家家自谓抱荆山之玉"不可一世

的心态。作者这样写的目的是欲抑先扬。文中接着写"然此数子，犹复不能飞轩绝迹，一举千里也"，强调即使才华横溢的文坛巨子，并不是只有长处而没有短处。曹植以陈琳为例，说他"不闲于辞赋，而多自谓能与司马长卿同风，譬画虎不成反为狗也"。陈琳这样的才子也有软肋，不用说"建安七子"其他诸子也一定各有所长、各有所短。作者这样写，不是文人相轻，贬低"建安七子"，抬高自己，而是为下文探讨作家必须接受批评的文学观点提供有力的前提。

第二段写文学批评的重要性。从上文可知，即便陈琳这样的文坛巨子尚有文学创作的薄弱之处，从而得出"世人之著述，不能无病"的结论。接着作者从自己的文学实践中总结出文学创作"有不善者，应时改定"的主张。紧接着作者以自己的实例现身说法佐证这一观点。当时的才子丁廙常常拿小文请他润色，作者以自己的才华不如对方推辞，丁廙说："文之佳恶，吾自得之，后世谁相知定吾文者耶！"从而说明，要是创作出优秀的作品，作家必须虚心接受别人的批评。曹植尚嫌道理讲得不够充分，又举了被文人奉为圣人的孔子的例子。孔子的《春秋》虽然"游、夏之徒乃不能措一辞"，然而"昔尼父之文辞，与人通流"。作者从而得出结论："过此而言不病者，吾未之见也。"既然凡作品都有不足之处，那么听取别人的意见就很有必要。吸收别人的意见，就可以引以为戒，把自己的文章写得更好。

第三段写文学批评必须注意两个问题。首先作者认为"有南威之容,乃可以论其淑媛;有龙泉之利,乃可以议于断割",用形象的比喻指出批评者的自身水平必须高于文章的作者。如果这里的水平指创作水平,有其片面性,如果指文学理论修养,那么是完全正确的。只有对文学作品有较高的鉴赏能力,对文学理论有较高的修养,才能提出中肯的意见。曹植的观点应该兼而有之。接着他用历史上的实例,说明没有批评的水平而乱批评的情况存在:其一是刘季绪自己的水平不高,却乱批评别人的文章;其二是田巴不知天高地厚,对古代的圣人乱说一气。然后他指出"今之仲连,求之不难,可无息乎",感慨有水平的批评人士太少。下面作者紧接着写文学批评应注意的第二个问题,即在评价文学作品时应注意不同的作品有不同的风格。作者还是用具体事例加以论述:其一是"兰、茝、荪、蕙之芳,众人之所好,而海畔有逐臭之夫";其二是"《咸池》《六茎》之发,众人所共乐,而墨翟有非之之论"。他强调"人各有好尚"。从这两个问题的提出和论述看,曹植对文学批评有深入的研究,并具有很高的水平。

第四段写关于自己辞赋的解说。首先写"街谈巷说,必有可采;击辕之歌,有应《风》《雅》。匹夫之思,未易轻弃也",意思是说,在评价文学作品时,不要轻视民间文学的样式。言外之意,自己的作品有的学习民间文学,写身边的俗人俗事,请杨修读时予以注意。建安文人,以曹丕、曹植兄弟为代表,在创作中有意识地向《诗经》《乐府》中的民间文学学习,并取得了可喜的成绩。这里,作者在无意中透露了一种文学观点,即重视作家作品向民间文学学习的倾向,亦即文学批评要注意的第三个问题。然后作者写了自己的人生志向。志向所在不是辞赋,"辞赋小道,固未足以揄扬大义、彰示来世也"。真正的志向是"勠力上国,流惠下民,建永世之业,留金石之功"。如果这一理想不能实现,舍而求之,"则将采庶官之实录,辩时俗之得失,定仁义之衷,成一家之言"。即是说,自己首先想做的是在军事上建功立业,报效朝廷。如果这方面做不到,就像儒家经典作家那样著书立说。言外之意是,至于辞赋,乃业余为之,有失众望,请君见谅。这是一种委婉的说法,表示由于辞赋不是志向所在,因而自己的作品水平不高。这样写也以示自己的谦虚、诚恳。这里,作者无意中透露了自己的一种文学观,亦即文学批评的第四个问题,评价作品时要注意作家的思想和人生理想。

　　此篇是曹植将自己的一篇辞赋赠送给好友杨修时所附的一封信。全文共四段,分为两个部分。前三段为第一部分,第四段为第二部分。第一部分就为什么要有文学批评和怎样进行文学批评展开论述,提出了自己独到的文学观点,看似与所送辞赋关系不大,实际是为二人讨论自己的作品做理论上的准备。第二部分谈民间文学,谈自己的人生抱负,看似与前面谈文学批评关系不大,实际上是提醒读者,在评价自己作品时要注意作品某些独特之处和自己的理想抱负,如此方能准确理解作品,是前面文学观点在评价自己作品时的具体运用。全文心随文动,意随笔生,洋洋洒洒,旁征博引,文脉清晰,结构严谨,讲清了文学批评的重要性和文学批评应该注意的几个问题。

建安时期的文学创作和文学批评进入了自觉的时代,曹丕的《典论·论文》、曹植的《与杨德祖书》是文学批评进入自觉时代的开山之作。曹丕用论文的形式对文学及其创作等进行了系统、集中的探讨,而曹植的文学观点体现在给私人的书信里,因而前者在文学史上影响更大。但从问世的时间看,曹植的书信还要早一年。

附 录

三国志·陈思王植 _{节录}

　　陈思王植字子建。年十岁余,诵读诗、论及辞赋数十万言,善属文。太祖尝视其文,谓植曰:"汝倩人邪?"植跪曰:"言出为论,下笔成章,顾当面试,奈何倩人?"时邺铜爵台新成,太祖悉将诸子登台,使各为赋。植援笔立成,可观,太祖甚异之。性简易,不治威仪。舆马服饰,不尚华丽。每进见难问,应声而对,特见宠爱。建安十六年,封平原侯。十九年,徙封临菑侯。太祖征孙权,使植留守邺,戒之曰:"吾昔为顿邱令,年二十三。思此时所行,无悔于今。今汝年亦二十三矣,可不勉与!"

　　植既以才见异,而丁仪、丁廙、杨修等为之羽翼。太祖孤疑,几为太子者数矣。而植任性而行,不自雕励,饮酒不节。文帝御之以术,矫情自饰,宫人左右,并为之说,故遂定为嗣。二十二年,增植邑五千,并前万户。植尝乘车行驰道中,开司马门出。太祖大怒,公车令坐死。由是重诸侯科禁,而植宠日衰。太祖既虑终始之变,以杨修颇有才策,而又袁氏之甥也,于是以罪诛修。植益内不自安。二十四年,曹仁为关羽所围。太祖以植为南中郎将,行征虏将军,欲遣救仁,呼有所敕戒。植醉不能受命,于是悔而罢之。

　文帝即王位,诛丁仪、丁廙并其男口。植与诸侯并就国。黄初二年,监国谒者灌均希指,奏"植醉酒悖慢,劫胁使者"。有司请治罪,帝以太后故,贬爵安乡侯。其年改封鄄城侯。三年,立为鄄城王,邑二千五百户。四年,徙封雍丘王。其年,朝京都。……六年,帝东征,还过雍丘,幸植宫,增户五百。太和元年,徙封浚仪。二年,复还雍丘。植常自愤怨,抱利器而无所施,上疏求自试……三年徙封东阿。五年,复上疏求存问亲戚……其年冬,诏诸王朝六年正月。其二月,以陈四县封植为陈王,邑三千五百户。植每欲求别见独谈,论及时政,幸冀试用,终不能得。既还,怅然绝望。时法制,待藩国既自峻迫,寮属皆贾竖下才,兵人给其残老,大数不过二百人。又植以前过,事事复减半,十一年中而三徙都,常汲汲无欢,遂发疾薨,时年四十一。遗令薄葬。以小子志,保家之主也,欲立之。初,植登鱼山,临东阿,喟然有终焉之心,遂营为墓。子志嗣,徙封济北王。景初中诏曰:"陈思王昔虽有过失,既克己慎行,以补前阙,且自少至终,篇籍不离于手,诚难能也。其收黄初中诸奏植罪状,公卿已下议尚书、秘书、中书三府、大鸿胪者皆削除之。撰录植前后所著赋颂诗铭杂论凡百余篇,副藏内外。"……

　评曰:……陈思文才富艳,足以自通后叶,然不能克让远防,终致携隙。传曰"楚则失之矣,而齐亦未为得也",其此之谓欤！（参考中华书局版《魏晋南北朝文学史参考资料》、《三国志》中的《陈思王植》节录，为方便阅读，保留了原点校本人名、地名下的专名线"＿＿"，书名下的波浪线"〰〰"。）

后　记

　　学习古诗文一般先要清除文字障碍，弄懂语句的准确意思，然后才能进一步发现诗文的佳处，欣赏诗文的美妙。基于此，本书每篇诗文后的解析文字分为"译注"与"鉴赏"两部分，前者解决阅读中可能存在的问题，后者重在引导读者如何赏析作品。"译注"中原句翻译以直译为主，同时注重传达诗人的意图、情感和语境。考虑到诗句押韵、工整等特点，有的译文没有与原作字词一一对应，有的原词语简明易懂，直接予以保留。"译注"中的注释主要解释疑难的字词、典故和诗中化用前人作品的词语，对不同版本中的异文也尽可能标出。"鉴赏"部分力图运用现代修辞学各种修辞手法，如比喻、拟人、排比等，对诗文的语言特色进行分析，多角度地鉴赏作品。鉴赏重视古人对作品的评价，尽量引用古人的经典评语，并结合论述，深化对作品的分析。

　　本书在遴选诗文时，《曹操卷》以《曹操集》（中华书局

2012 年版）和余冠英选注《三曹诗选》（中华书局 2012 年版）为底本，《曹丕卷》以林久贵、胡涛编著《曹丕全集》（崇文书局 2021 年版）和余冠英选注《三曹诗选》（中华书局 2012 年版）为底本，《曹植卷》以赵幼文校注《曹植集校注》（中华书局 2018 年版）和余冠英选注《三曹诗选》（中华书局 2012 年版）为底本，并参考了河北师范学院中文系古典文学教研组编《三曹资料汇编》（中华书局 1980 年版）、张可礼编著《三曹年谱》（齐鲁书社 1983 年版）、傅亚庶注译《三曹诗文全集译注》（吉林文史出版社 1997 年版）、张可礼和宿美丽编选《曹操曹丕曹植集》（凤凰出版社 2014 年版）、陈庆元撰《三曹诗选评》（上海古籍出版社 2018 年版）、李景华主编《三曹诗文赏析集》（巴蜀书社 1988 年版）等书，吸收了这些著作中某些研究成果，限于体例，未一一注明，在此一并致谢。

安徽人民出版社对本书的出版给予了大力支持，在此深表谢忱。

由于本人学识水平限制，本书肯定还存在不少疏漏甚至错误之处，恳请专家和读者不吝赐教。

2024 年 12 月